■ 面向“十三五”教学课程改革立项教材
会计与财务管理专业规划系列教材

审计学

SHEN JI XUE

主　编　赵桂英　梁振军
副主编　翟美佳　龙　霞
冯静飞　曾丽华

U0838479

中国商业出版社

图书在版编目(CIP)数据

审计学/赵桂英,梁振军主编.—北京:中国商业出版社, 2016.2

ISBN 978-7-5044-6177-3

Ⅰ.审… Ⅱ.①赵…②梁… Ⅲ.审计学 Ⅳ.F239.0

中国版本图书馆 CIP 数据核字(2008)第 089958 号

责任编辑:张超美

中国商业出版社出版发行

(北京广安门内报国寺 1 号　邮编:100053)

新华书店总店北京发行所经销

北京航天伟业印刷有限公司印刷

*　*　*　*　*

787×1092 毫米　开本:1/16　印张:11.5　字数:300 千字

2016 年 2 月第 1 版　2016 年 2 月第 2 次印刷

定价:29.80 元

*　*　*　*

(如有印装质量问题可更换)

总 序

当今世界科学技术在高速发展，随着我国新会计准则、新税法的颁布和实施，我国的会计与国际会计惯例基本接轨，我国即将建立起社会主义经济体制和与它相适应的中国会计核算规范体系。从会计教育改革与发展的大环境考虑，现在许多老版的会计教材都不能适应当前教学所需，改革和建立会计教育的教学内容与课程体系，不仅非常紧迫而且十分重要，它关系到我们应培养什么样的会计人才，才能适应我国快速发展及对世界开放不断扩大的需要。为此，我们及时组织全国三十多所会计专业教学比较强盛的院校代表齐聚北京，针对当前会计人才的需求，对会计专业职业教育进行了研讨，与会代表决定就中小企业人才需要的教育目标和人才培养定位编写了这套教材。本套教材特点：

第一，"新"：该套系列教材，在内容和体系上立意新、整体性强，不仅是按新会计准则编写，而且又专门针对中小企业会计的需要设计了一门课程——《中小企业会计实务》，这是过去许多会计类教材很少有的。

第二，"强"：该套教材具有较强的前瞻性，由于中国经济改革越来越深入，金融、证券等资本市场越来越规范，财务与会计改革的频率日益加快，会计专业教材的"经济寿命"越来越短的因素影响，本套教材在课程设计时，尽量使课程之间相互递进、相得益彰，符合教学规律，并且有一定的后续性。

第三，"巧"：该套教材总体结构比较巧妙，本着"必需、够用、可教、可学"的原则构思，以案例模块的方式编写，同时穿插具有趣味的会计小知识，力求改变会计教学中的"数字教学"方式，提高学生的会计学习兴趣，丰富教学内容。

新会计专业教材编写组

前 言

《审计学》是为了适应我国大力发展高等教育的需要，根据修订后的《审计法》、《审计准则》要求编写的，作为全国院校财经类专业教材。

《审计学》是财务会计、电算化会计、注册会计师（方向）、审计专业的必修课程。除适用于会计专业的教学外，还可作为财经类其他专业的教学，同时，也可供培训、自学之用。

《审计学》的内容兼顾政府审计、民间审计和内部审计；阐述审计的基础知识、基本方法和基本技能；以企业财务审计为主，突出审计实践的运用。本教材共十章：审计概论；审计组织体系；审计准则和审计标准；审计方法；审计程序和审计分类；审计证据和审计工作底稿；内部控制制度及其评审；购货、生产和销售审计；审计报告和管理建议书；电算化审计。每章都编写了复习思考题并有一定量的课外阅读资料，方便同学学习和加强课外训练。教材还附了复习思考题参考答案，以便同学们进行核对。

本教材立足理论够用、重在实践锻炼，充分体现技能型人才培养的特色：

1. 理论知识与审计实务的结合。本教材系统地介绍了审计基本理论知识及方法，详细地反映了审计业务活动过程，还配有大量的案例，以培养学生解决实际问题的能力。

2. 审计信息化。本教材系统地介绍了电算化审计知识及相关软件操作，体现审计信息化的特点，以培养学生现代化技能的能力。

3. 具有一定的前瞻性。本教材是根据新修订的《中华人民共和国审计法》和中国注册会计师协会新拟订的 22 项准则及修订的 26 项准则所编写的。内容新颖，以培养学生用新知识分析问题的能力。

本教材由赵桂英（江西旅游商贸学院）编写第一章、第十章；梁振军（太原理工大学长治学院华北机电学校）编写第二章、第四章、第九章；翟美佳（济南铁道技术学院）编写第五章、第六章；龙霞（安徽财贸学院）编写第三章，曾丽华编写第八章，冯静飞编写第七章。

本教材由赵桂英、梁振军担任主编；翟美佳、龙霞担任副主编。

由赵桂英拟定全书的大纲，并负责全书的总纂定稿。

本教材审计软件是北京诚创易通科技发展有限公司提供的《易通审计软件》，《金蝶会计软件》由南昌思维思科技有限公司提供。

本教材在编写过程中，参阅了大量文献，从中受到不少的启发和帮助。

本教材在编写过程中，得到了各位领导与同行的支持和帮助，以此致以诚挚的谢意！

本教材的编写，由于水平有限，书中出现的缺点和不足在所难免，敬请读者提出宝贵意见，以便今后修改和完善。

编　者

2016 年 2 月

目　录

第一章 审计概论

【导读】

通过本章的学习，了解审计发展过程；掌握审计基本概念、清晰审计关系及审计监督的地位及意义。

第一节 审计的产生和发展

了解和掌握审计产生和发展的客观条件及中外审计产生和发展的历史进程，对审计有一个初步的认识。

一、审计产生和发展的客观条件

审计是一种社会现象，它是为满足社会需要而产生和发展的。当生产力发展到一定阶段，在私有制和阶级出现以后才逐渐产生的。在原始社会，由于生产力极其低下，没有剩余产品，没有阶级，资财所有者和资财管理者集于一身，不存在经济责任关系，也就没有审计的需要。到了奴隶社会，生产力有了一定的发展，出现了剩余产品，资财逐步有了积累，资财所有者将其资财委托他人代管或经营，资财所有者与资财管理者产生并逐步分离，出现了一种受托经济责任关系，即资财的管理者受资财所有者的委托，代其经营管理并与资财所有者形成责任关系。资财所有者对资财管理者的履行情况进行检查、监督和评价，这就要求由公正立场、专业水平的人员进行审查，这样一来，专门进行经济监督活动的审计（人）就应运而生。因此，受托经济责任关系的出现，是审计产生的客观条件，也是审计产生的动因。没有这种受托经济责任关系，就不可能产生审计行为。

二、审计三关系

受托经济责任关系产生的同时，也形成了审计关系。审计关系是指在审计活动中所涉及到的三关系人及其他们的责任关系，三关系人包括：审计授权人或委托人、审计人和被审计人。

审计授权人或委托人：即资财所有者，授权或委托审计人对其资财管理者的履行情况及经济责任进行审计，并依据审计结果来判断资财管理者是否履行了其职责。

审计人：即承担审计工作的人，根据审计授权人或委托人的要求，对资财管理者的履行情况及经济责任进行审计，它处于中间人的地位，既要接受授权或委托对被审计单位提出的会计资料认真进行审查，又要向授权或委托人（即财产所有者）提出审计报告，客观公正地评价资财管理者的责任和业绩。为此，审计人必须具有一定独立性，审计活动不受其他方面的干扰或干涉。

被审计人：即资财管理者，接受审计人的审计，根据审计结果来证实自己对资财所有者是否履行了其职责。审计关系如图 1－1 所示。

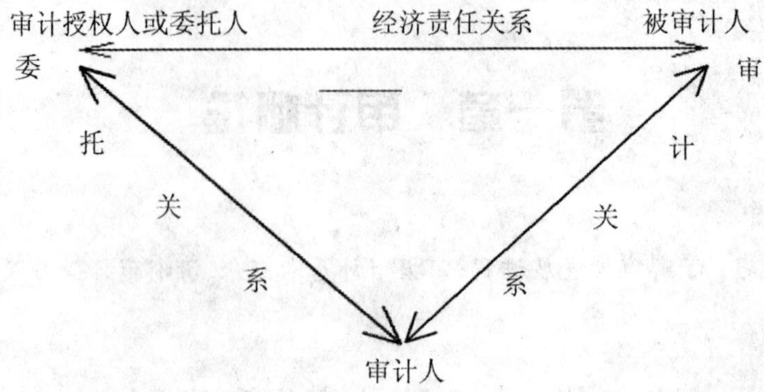

图 1－1　审计三关系

审计三关系（人）是作为审计活动中不可缺少的责任关系，否则审计将失去意义。

三、审计产生和发展

（一）我国审计的产生和发展

1. 我国政府（国家）审计的产生和发展

我国是世界上最早产生审计的国家之一，审计的最初形态是政府（官厅）审计，我国政府审计起源很早，产生于奴隶社会末期。我国审计的产生和发展经历了一个漫长而曲折的过程。

西周时期，出现了带有审计工作性质的“宰夫”一职，由皇帝授权实行监察，负责考查财物的领用、保管，据以对有关人员进行奖罚。而“宰夫”自身不掌握财物，这个官职地位虽然不高，但其工作性质具有审计含义。“宰夫”的出现，标志着我国政府审计的产生及审计制度初步的形成。西周审计制度在我国乃至世界审计发展历史上，都具有重要作用。

秦汉时期，出现了具有审计监督性质的“上计”制度，所谓“上计”，就是皇帝亲自听取和审核各级地方官吏的财政会计报告，以决定赏罚的制度。这个时候的审计，具有经济监督和行政监督的性质，地位有所提高，也得到了发展。

隋唐时期，出现了较独立的审计专职的机构“比部”，它对中央和地方的财物收支实行定期的审计监督。特别是唐代，由于经济发达，政治稳定，“比部”具有独立于会计部门之外专的职性，具有较高的权威性。唐代的政府审计得到很大的发展，也可以说是古代审计的兴盛时期。宋朝时期，北宋设立了“审计司”，隶属于财政系统，实行财税合一。南宋设立了“审计院”，但未充分发挥审计作用。审计司（院）的设立，是我国首次出现以“审计”命名的审计机构，标志着我国有“审计”名词命名的审计机构的产生，这对我国审计的发展有着深远的意义。

元明清时期，元朝取消了比部，而由户部兼管财政和审计工作，取消了专门的审计机构。明朝初期，比部曾一度恢复，但后又取消。明朝末期、清朝都设置了“督察院”，但却是一揽子性质。至光绪年间，政府拟定单独设立审计院，并草订了《审计院官职条例》，但未能实施，不久，清朝被推翻。元明清各朝，审计工作缺乏独立性，审计职能与隋唐相比已严重削弱。

辛亥革命后，中华民国于1912年，在国务院下设有审计处，并公布《审计处暂行规定》等审计法规。1914年，北洋政府将审计处改为审计院，颁布了《审计法》，这是我国正式颁布的第一部《审计法》。1928年，国民党政府仍设有审计院，于1931年将审计院改为审计部，隶属监察院。

新民主主义时期，中国共产党领导的革命根据地曾先后建立过审计机构。1932年成立中央苏维埃政府审计委员会，1934年颁布《审计法》，实行审计监督。

新中国成立后，我国没有设立独立的审计机构，对财政经济的监督是由财政、银行、税务、物价等部门通过自身业务工作兼任，发挥一定的监督作用。从1978年中国共产党十一届三中全会以来，党和国家的工作重点转移到经济建设上来。1982年，第五届全国人民代表大会第五次会议上通过《中华人民共和国宪法》，《宪法》中明确规定了建立政府审计机构，实施审计监督。从而以法律形式确立了审计的地位。1983年9月15日，国务院设立审计署，地方各级政府的审计机关相继建立。1994年8月，《中华人民共和国审计法》颁布。2006年2月28日第十届全国人民代表大会常务委员会第二十次会议审议通过《关于修改〈中华人民共和国审计法〉的决定》，修改后的条款于2006年6月1日生效。

我国政府审计的产生和发展大致划分为六个阶段，如表1－1所示。

表1－1　我国政府审计的产生和发展阶段

政府审计产生和发展阶段	各个历史时期
1. 萌芽阶段	西周
2. 确立阶段	秦汉
3. 兴盛阶段	唐宋
4. 中衰阶段	元明清
5. 演进阶段	国民政府
6. 振兴阶段	新中国

2. 我国内部(部门)审计的产生和发展

内部审计是伴随着政府审计而产生和发展的，基本上与政府审计同步进行。我国内部审计萌芽于西周，据《周礼》中记载："凡上之用，必考于司会"。即帝王所用的开支，也都要受司会的检查。司会行使内部审计之权，无论是日常的会计核算，还是所有的会计报告，均须经过司会之手进行考察。

新中国成立后，我国还没有设立内部审计机构。为了完善我国审计监督体系，加强各部门、各单位内部经济监督，于1984年，在部门和单位内部开始成立了(内部)审计机构，实行内部审计监督。1985年8月，国务院颁布《关于审计工作暂行规定》，对内部审计制度等作了明确的规定。1985年10月，审计署颁布了《关于内部审计工作的若干规定》，具体规定了内部审计机构、任务、职权以及其他有关事项。我国《审计法》中规定，依法属于审计机关审计监督对象的单位，应当按照国家有关规定建立健全内部审计制度；其内部审计工作应当接受审计机关的业务指导和监督。我国内部审计得到快速的发展。

3. 我国民间(社会、注册会计师)审计的产生和发展我国民间审计出现较晚，始于辛亥革命以后，当时主管注册会计师事务的官署为北洋政府农商部。1918 年 9 月，北洋政府颁布了我国第一部注册会计师法规《会计师暂行章程》。并于同年批准著名会计学家谢霖先生为中国的第一位注册会计师，谢霖先生创办了第一家会计师事务所——正则会计师事务所，此后又陆续批准了注册会计师，如潘序仑等。在全国各地相继成立了会计师事务所，如潘序仑会计师事务所(后改名为立信会计师事务所)等。

新中国成立后，民间审计在建国初期的经济建设中发挥了积极的作用。1956 年在全国范围内实行公私合营，民族资本主义经济消失，民间审计退出了历史舞台。党的十一届三中全会后，为适应经济建设的需要，从 1983 年起，审计事务所和会计师事务所在全国陆续组建并开展工作。1987 年国务院颁布了《中华人民共和国注册会计师条例》，标志着我国民间审计的发展进入一个新的阶段。1993 年 10 月，通过了《中华人民共和国注册会计师法》，使我国民间审计步入法制轨道。1995 年，财政部发布了中国注册会计师独立审计准则，部分独立审计具体准则和部分审计实务公告。2006 年 2 月中国注册会计师协会拟订了《中国注册会计师鉴证业务基本准则》等 22 项准则，修订了《中国注册会计师审计准则第 1142 号——财务报表审计中对法律法规的考虑》等 26 项准则，自 2007 年 1 月 1 日起施行。原施行的《独立审计基本准则》等相关准则同时废止。《中国注册会计师胜任能力指南》于 2007 年 10 月发布。

(二)国外审计的产生和发展

1. 国外政府审计的产生和发展

随着生产力的发展和受托经济责任关系的出现，国外政府审计也应运而生。早在奴隶制时期，古代希腊、埃及、罗马等国家已建立了政府(官厅)审计机构，设有监察官一职，其职责中包括对掌管国家财物和赋税的官吏进行审查和考核。到了中世纪，有的国家设审计机构和审计人员。1298 年，伦敦市第一次实施的“城市审计”，则首开了由独立专职机构进行审计的先例，从而将政府(官厅)审计制度推向了高潮。

英国政府审计历史较长，1215 年，英国“大宪章”的颁布，制约了英王的权力，奠定了英国政府审计制度的政治基础。1785 年，颁布《检查和审计国王公共账目的法案》。1834 年颁布了修订审计制度的法案。1861 年，开始在众议院设决算审查委员会，第一次真正建立统一的、独立的审计机构。1866 年制定的《国库和审计部法》，1921 年，修订了《国库和审计部法》。1983 年，制定的《国家审计法》，审计机构更名为英国审计署，直接对议会负责并向议会报告工作，是立法模式的审计制度。

美国最初时期没有独立的财政监督机构，只在财政部设有审计官进行审查，直到 1919 年，才把对政府账目的审计从财政部的业务中分离出来。1921 年公布了《预算和会计法》，建立了最高审计机关——审计总署。1945 年，颁布了《政府公司控制法》。美国审计机构隶属于国会，是立法模式的审计制度。现在审计总署工作的范围包括了联邦政府在世界各地正在开展或将要开展的所有行动。例如，审计总署的工作人员自伊拉克战争结束后就到达了伊拉克，关注从军队后勤到联合国石油换食品项目合同的成本等所有问题。

2. 国外内部审计

奴隶社会是内部审计的萌芽阶段，进入中世纪之后，国外内部审计才具有较为完整的形态，有了进一步的发展，其主要标志是出现了独立的内部审计人员。

20 世纪 40 年代，随着经济的发展，竞争更趋激烈，会计师审计把注意力从单纯的财务审计逐步转向既重视财务又重视经营管理的问题。企业资财的管理者也逐步认识到审计是企业内在的一种需要，开始重视与实施内部经济监督，内部审计应运而生。

1941 年，是内部审计史上的一个里程碑，美国学者维克多·Z·布瑞克出版了第一部内部审计专著。在约翰·B·斯顿的领导下，美国成立了“内部审计师协会”。1947 年该协会制定了《内部审计师职责说明》，后几经修改，1997 年完成了《内部审计专业实务准则》，内部审计进入一个新时期。内部审计主要的功能是:进行经济预测和事前控制,由财务审计扩展到管理审计。

3. 国外民间审计的产生和发展

国外民间审计起源于 16 世纪的意大利合伙企业制度，合伙人往往不参加其经营活动（管理），出现了资财所有者与资财管理者分离，客观上需要以第三者身份出现的审计人员对资财管理者进行监督，于是出现了一批具有良好会计知识、专门从事查账和公证的专业人员，民间审计由此应运而生。

英国在 18 世纪中叶后，工业革命促进了生产力的提高，生产的社会化大大加强，企业的所有权与经营权分离，股份制企业纷纷出现。其审计工作最初是由监事来担任，后改为必要时可以聘请会计师协助办理审计业务。为保护投资者、债权人利益，对经营者的管理进行监督的独立会计师（注册会计师）出现了。值得一提的是，1721 年英国“南海股份公司”审计案，是英国注册会计师审计产生的导火线。1844 年政府颁布了《公司法》。1845 年对其修订。由于英国法律规定了股份制企业和银行必须聘请注册会计师审计，致使英国注册会计师得到了迅速的发展。1853 年，苏格兰爱丁堡创立了第一个注册会计师的专业团体——爱丁堡会计师协会。这一时期，英国注册会计师审计的特点主要是:查错揭弊，保护资财安全，对会计账目进行详细的审计，审计报告使用人主要是企业股东。

[**案例** 1 – 1]

英国南海股份公司审计案:1710 年成立了南海股份公司，1719 年，英国政府允许中奖债券总额的 70%，与南海股份公司股票进行转换，年底，公司的董事们开始对外散布各种所谓的利好消息，此时南海股份公司股价为 114 英镑。到了 1720 年 3 月，股票升至 300 英镑。1720 年 7 月，股票已高达 1050 英镑。随着南海股份公司股价的扶摇直上，一场投机浪潮席卷全国，各种职业的人都卷入了这场漩涡。美国经济学家加尔布雷斯在其《大恐慌》一书中描绘:“政治家忘记了政治，律师忘记了法庭，贸易商忘记了买卖，医生丢弃了病人，店主关闭了铺子，教父离开了圣坛，甚至连高贵的夫人也忘记了高傲和虚荣”。同年，英国政府通过了《泡沫公司取缔法》，从 1720 年 8 月到 9 月，南海股份公司的股票从 900 英镑跌到 190 英镑，12 月份最终仅为 124 英镑。1720 年 9 月，英国政府组织了一个由 13 人参加的特别委员会对南海股份公司查账。特别委员会特邀了一位会计师，他的名字叫查尔斯·史内尔。1721 年，特别委员会提交了一份报告，指出了公司存在舞弊行为、会计记录严重不实等问题。根据查账报告，将公司不动产予以没收，有关人员被绳之以法。英国南海股份公司舞弊案，促使英国民间审计的产生，查尔斯·史内尔成为世界第一位民间审计人。

20 世纪初，美国经济发展很快，国外许多资本流入美国，许多注册会计师来到美国开展审计业务。同时，美国也注重培养自己的审计人员队伍。1887 年，美国会计师公会成立，1916 年公会改组为注册会计师协会，成为世界上最大的注册会计师职业团体。由于金融资本广泛的渗透，企业同银行利益紧密，美国产生了帮助贷款人及债权人了解企业信用的资产负债表的审计。1933年颁布的《证券法》规定，在证券交易所上市企业的会计报表必须接受注册会计师审计，向社会公众公布注册会计师出具的审计报告。1934年，颁布了《证券交易法》，于2002年进行修订，对审计要求在(《证券交易法》第十条甲)中作出相关规定。这一时期，美国注册会计师审计的特点主要是：以审查资产负债表为主的全部会计报表及相关财务资料并对会计报表发表审计意见；审计方法由详细审计转向抽样审计；审计范围也扩大到测试和评价内部控制；审计报告使用人有股东、债权人、证券交易机构等。

国外民间审计的产生和发展大致划分为六个阶段，如表1－2所示。

表1－2　**国外民间审计的产生和发展阶段**

民间审计产生和发展阶段	历史时期及特点
1. 萌芽阶段	15世纪末，意大利合伙企业
2. 英国式审计阶段	18世纪末，详细查账，股份制企业
3. 美国式审计阶段	19世纪末，资产负债表的审计，详细审计向抽样审计转变，股份制企业
4. 财务报表审计阶段	20世纪初，全部报表及相关资料审计，广泛采用抽样审计
5. 现代审计阶段	20世纪40年代后，审计工作走向标准化、规范化，审计准则出台，出现制度基础审计等。

第二节　审计的含义和目标

审计的含义包括审计的基本概念：审计定义、审计主体、审计客体及审计性质等。审计目标包括政府审计目标和民间审计目标。掌握审计的基本概念，强化审计经济监督。

一、审计的含义

(一)审计概念

1. 审计定义：是指由专职机构和人员，依法对被审计单位的财政、财务收支及其有关经济活动的真实性、合法性、效益性进行审查，评价经济责任，用以维护财经法纪，改善经济管理，提高经济效益，促进加强宏观调控的独立性经济监督活动。

2. 审计主体：是指审计行为的执行者，即审计机构和审计人员。它包括政府审计机构、内部审计机构和民间审计机构及有关审计人员。

3. 审计客体：是指审计行为的接受者，即被审计的资财管理者及其经济活动，也称为被审计单位。

4. 审计性质：是指具有独立性的经济监督活动。

(二)审计特征

1. 审计的独立性：我国《审计法》规定，审计机构和人员依法独立行使审计监督权，不受其他行政机关、社会团体和个人的干涉。审计独立性有了法律依据，也是审计最本质的特征。其具体表现为：

(1)机构独立:审计机构应独立设置为专职机构，它独立于被审计单位，与被审计单位没有经济利益关系，机构独立是保证审计工作独立性的关键所在。我国《审计法》规定，国务院和县级以上地方人民政府设立审计机关。

(2)人员独立:审计机构配备专职审计人员，它独立于被审计单位，与被审单位没有任何的经济利益关系，包括近亲关系。我国《审计法》规定，审计人员办理审计事项，与被审计单位或者审计事项有利害关系的，应当回避。

(3)业务工作独立:审计机构及人员依法独立开展审计工作。我国《审计法》规定，审计机关依照法律规定的职权和程序，进行审计监督;任何组织和个人不得拒绝、阻碍审计人员依法执行职务，不得打击报复审计人员。

(4)经济独立:审计机构经费有专门的、固定的来源渠道或依法取得的报酬，审计机构及人员的经济不受审计结果的影响。我国《审计法》规定，审计机关履行职责所必需的经费，应当列入财政预算，由本级人民政府予以保证。

民间审计的独立性详见第二章。

2. 审计权威性:它表现为两个方面，一是法律赋予的权利，如我国《宪法》规定，国务院和县级以上地方人民政府设立审计机关。我国《审计法》规定，审计人员依法执行职务，受法律保护;审计机关在法定职权范围内作出的审计决定，被审计单位应当执行;审计机关可以向政府有关部门通报或者向社会公布审计结果等。二是审计人员在审计工作中树立的威性。审计人员执业客观公正、具有高尚的职业道德和精通的专业水平。我国《审计法》规定，审计人员应当具备与其从事的审计工作相适应的专业知识和业务能力。

3. 审计公正性:审计监督应保持客观公正的立场，符合实际，不偏不倚。我国《审计法》规定，审计机关和审计人员办理审计事项，应当客观公正，实事求是，廉洁奉公，保守秘密。

上述三个特征的关系是:审计独立性是本质特征，审计权威性离不开独立性，否则权威性难于发挥;审计有了权威性，可以更好地保障审计的独立性实行;只有保持独立性，审计公正性才能够实现，同时，又可提高审计的权威性。

[案例1－2]

美国安达信会计师事务所刑事调查案:安达信从安然公司1985年成立伊始就为它做审计，做了整整16年。除了单纯的审计外，安达信还提供内部审计和咨询服务。20世纪90年代中期，安达信与安然公司签署了一项补充协议，安达信包揽安然的内部审计工作。不仅如此，安然公司的咨询业务也全部由安达信负责。2001年，安然公司付给它的5200万美元的报酬中一半以上的收入(2700万美元)是用来支付咨询服务的。安然从1997年到2001年间虚构利润5.86亿美元，并隐藏了数亿美元的债务。美国监管部门的调查发现，安然公司的雇员中居然有100多位来自安达信，包括首席会计师和财务总监等高级职员，而在董事会中，有一半的董事与安达信有着直接或间接的联系。2001年10月，安然财务丑闻爆发，美国证监会宣布对安然公司进行调查。可就在同时，安达信的休斯敦事务所从10月23日开始的两个星期中销毁了数千页安然公司的文件。司法部于3月14日提起刑事诉讼，从而开创了美国历史上第一起大型会计师事务所受到刑事调查的案例。

二、审计目标

审计目标是指审计机构及审计人员通过执行审计工作所达到的审计结果或对财务报表发表的审计意见。它包括政府审计目标和民间审计目标。

(一)政府审计目标

我国《审计法》规定，审计机关对所列财政收支或者财务收支的真实、合法和效益，依法进行审计监督。政府审计目标包括真实性、合法性和效益性。

1. 真实性:是指审计机构或人员对被审计单位财政收支或财务收支是否发生，发生多少进行监督。

2. 合法性:是指审计机构或人员对被审计单位财政收支或财务收支是否符合国家法律、法规、准则、制度等要求进行监督。

3. 效益性:是指审计机构或人员对被审计单位财政收支或财务收支是否达到预期效果，节约资金(资源)多少进行监督。

(二)民间审计目标

《中国注册会计师审计准则 1101 号——财务报表审计目标和一般原则》规定，财务报表是否按照适用的会计准则和相关会计制度的规定编制;财务报表是否在所有重大方面公允反映被审计单位的财务状况、经营成果和现金流量;财务报表审计属于鉴证业务，注册会计师的审计意见旨在提高财务报表的可信赖程度。根据以上表述，民间审计目标可理解为两个方面:适用性和公允性。

1. 适用性:注册会计师执行财务报表审计业务，对被审计单位的财务报表编制是否符合国家的准则及相关制度，编制是否合理等行为发表审计意见。

2. 公允性:注册会计师执行财务报表审计业务，对被审计单位的财务报表编制是否在所有重大方面公允反映其财务状况、经营成果和现金流量，编制的财务报表有无重大错报、漏报和欺诈等行为发表审计意见。

注册会计师通过对被审计单位财务报表发表的意见，出具审计结论报告。注册会计师出具无保留结论报告，报表使用者可以信赖其财务报表;无法提出单位财务报表结论报告，报表使用者对其财务报表产生质疑。

第三节　审计的对象和职能

本节内容介绍审计对象的基本内容和审计的基本职能，了解被审计单位的经营管理活动，充分发挥审计的作用。

一、审计的对象

审计的对象是指审计监督的范围和内容，它包括审计客体和审计的具体内容。

(一)审计客体

审计客体是指被审计单位实体。我国法律规定的审计实体有:国务院各部门、地方各级人民政府、国有的金融机构和企业事业组织及其他。

(二)审计的具体内容

审计具体内容包括被审计单位的经济活动及作为经济活动载体的会计资料及其他资料。

1. 经济活动:被审计单位的财政收支、财务收支和经济效益活动。

2. 财务会计资料:会计凭证、会计账簿、财务会计报告和运用电子计算机管理财政收支、财务收支电子数据的系统，以及其他与财政收支、财务收支有关的资料和资产。

二、审计的职能

审计的职能是指审计本身所固有的内在功能。审计的职能取决于生产力的发展，它不是一成不变的，而是随着经济的发展而变化。审计的主要职能有:审计监督职能、审计评价职能和审计鉴证职能。

(一)审计监督职能

审计监督职能是指审计机构或人员按照国家法律、法规、准则等要求，对被审计单位的经济活动及财务会计资料进行审查和督促，维护财经法纪。

(二)审计评价职能

审计评价职能是审计机构或人员按照国家法律、法规、准则等要求，对被审计单位的经济活动及财务会计资料进行评定和建议，以促使其改善经营管理，提高经济效益。

(三)审计鉴证职能

审计鉴证职能是审计机构或人员按照国家法律、法规、准则等要求，对被审计单位的经济活动及财务会计资料进行鉴定和证明，旨在提高其信赖程度。审计的鉴证职能更多地体现在民间审计工作中，如注册会计师对客户出具的验资报告等。

在审计的三个职能中，审计监督是最基本的职能，三个职能相互联系，相互依存，为保证审计目标的实施而服务。

[**案例**1-3]

2006年底，宁波市审计局根据年度审计计划，对宁波市市级机关事务管理局2005年度财政收支情况进行了审计。在审计过程中，抓住资金流向和业务流程，对大额资金顺藤摸瓜，一查到底，对重要业务活动围绕业务流程，环环相扣，关注业务关键点，做到点线结合，织成一张审计“网”，一举查出该单位出纳徐某利用职务之便挪用公款10余万元的违法事实，让一个在同事眼中的“好出纳”伏法归案。

第四节 审计的作用和任务

一、审计的作用

审计的作用是指通过实施审计职能后而产生的效果。不同的职能，产生不同效果的审计作用。审计作用是随着经济的发展而发生变化，不同的经济发展时期，有着不同的审计作用。

(一)政府审计的作用

根据我国《审计法》第一条内容，政府审计作用主要有以下4个方面：

1. 维护国家财政经济秩序：审计有利于促进国家法律、法规、准则、制度的贯彻执行。审计通过对被审计单位经济活动监督，发现违纪违法现象有权予以制止；有权依法给予处理、处罚，维护国家财政经济秩序。

2. 提高财政资金使用效益：审计有利于促进单位经营管理的改善。审计通过对被审计单位经济活动监督，发现消耗大、效率低等问题应及时予以提出和纠正，提高财政资金使用效益。

3. 促进廉政建设：审计有利于促进单位奉公廉洁的改进。审计通过对被审计单位经济活动监督，发现腐败现象应及时制止，促进国家廉政建设。

4. 保障国民经济和社会健康发展：审计有利于促进国家经济的发展。审计通过对被审计单位经济监督活动，发现单位经济犯罪行为应予以打击，保障国民经济和社会健康发展。

(二)民间审计的作用

根据《中华人民共和国注册会计师法》第一条内容，民间审计作用主要有以下两个方面：

1. 鉴证：是审计机构或人员按照国家法律、法规、准则等要求，对被审计单位(客户)的经济活动及财务会计资料进行鉴定和证明，旨在提高其信赖程度。

2. 服务：是审计机构或人员按照国家法律、法规、准则等要求，对被审计单位(客户)的经济活动及管理进行咨询等方面的工作。

[**案例**1-4]

中国注册会计师协会《行业发展研究资料 NO.2007-3》资料显示：会计师事务所审计鉴证的价值，体现在2001到2005年期间，注册会计师每收1元审计费用：

调挤利润水分——56.77元；
发掘隐匿利润——27.87元；
调减虚假资产——195.85元；
挖出隐匿资产——149.39元；
追调应付税金——6.05元；
减少多余税负——3.44元；
警示可疑交易——约32.66元；
共计约470元。

二、审计的任务

审计的任务是根据审计的职能而赋予的奋斗目标，是审计工作应当完成和做到的。具体审计任务是按审计授权人或委托人的审计目标所确定的。一般来说，对不同的审计对象进行审查所要达到的目的和要求是不同的。在不同的经济发展时期，审计工作侧重点不同，审计任务也有所不同。目前和今后一段时期，审计工作主要的任务有：

(一)审查计划预算的恰当性

对被审计单位的财政预算、财务计划、决策、方案和制度等的制订是否符合国家方针、政策，是否符合国民经济发展的需要，是否切实可行，是否能达到预期的目标进行审计监督。

（二）审查会计资料的真实性

会计资料是单位进行决策的重要依据，也是企业管理当局、投资人、债权人等了解企业（单位）信息的重要渠道。只有准确无误的会计资料，才有可能使企业作出正确的决策或对企业有一个准确的判断，因此，审计对被审计单位的会计资料进行监督。

（三）审查经济业务的合法性

对被审计单位的经济活动是否违反国家财经法纪、有无犯罪活动、有无扰乱经济秩序等进行审计监督。

（四）审查经营管理的有效性

企业除要合法经营，还应讲求经济效益，要以最少的耗费取得最大的经济效益。审计对被审计单位的效率、效果和效益进行审计。

课外阅读资料

最高审计机关国际组织，是由联合国成员国的最高审计机关组成的国际性组织，它是独立自主、非政治性的永久组织。该组织经历了一个较长时间的酝酿和筹备阶段。1953 年在古巴首都哈瓦那召开了第一届大会。1968 年在日本东京举行的第六届大会通过了国际审计组织的章程，正式宣告该组织成立。该组织的宗旨是："通过促进最高审计机关之间在政府审计领域中设想和经验交流，以加强各国最高审计机关之间的联系"。该组织自成立以来，每隔三年举行一次国际审计会议，就国际审计原则、方向、理论、方法和技术等专题进行研究和交流，并发表若干经过讨论通过的总结性意见，以有助于各国研究、改进和加强政府审计工作。各国政府对最高审计机关不承担任何义务。最高审计机关国际组织总部设在奥地利的维也纳。该组织除了代表大会以外，还设有理事会、秘书处、地区工作组织和常设委员会。经国务院批准，我国于1982 年派代表参加了该组织在马尼拉召开的第十一届代表大会，审计署成立后，我国正式加入该组织。

● 复习思考题

一、名词解释

1. 审计：
2. 审计三关系：
3. 审计的对象：
4. 审计的职能：
5. 审计的目标：

二、简答题

1. 简述我国审计的发展过程。
2. 简述国外审计的发展过程。
3. 试述审计产生和发展的客观条件。
4. 区别审计作用与任务的不同。
5. 简述审计独立性的内容。

三、填空题

1. 审计主体是审计人，它包括________、________和________。

2. 审计的性质，是指具有________的经济监督活动。

3. ________是审计产生和发展的客观基础。

4. 审计的职能，它随着经济的发展而发生________。

5. 我国政府审计产生________时代。

四、单项选择题

1. 我国新修订的《审计法》于哪年通过修改决定的。(　　)

A. 2007 年　B. 2006 年　C. 2005 年　D. 2004 年

2. 1918 年批准我国第一位注册会计师是(　　)。

A. 谢霖　B. 潘序仑　C. 奚玉书　D. 徐永祚

3. 我国《审计法》内容总共有(　　)章(　　)条。

A. 七 五十四　B. 七 五十二

C. 六 五十四　D. 六 五十二

4. 被称为英国民间审计第一人的是(　　)。

A. 约翰·B·斯顿　B. 维克多·Z·布瑞克

C. 加尔布雷斯　D. 查尔斯·史内尔

5. 我国《中国注册会计师鉴证业务基本准则》等 22 项，修订的《中国注册会计师审计准则第 1142 号——财务报表审计中对法律法规的考虑》等 26 项于(　　)执行。

A. 2006 年 1 月　B. 2006 年 6 月　C. 2007 年 1 月　D. 2007 年 6 月

五、多项选择题

1. 审计按其主体有(　　)。

A. 政府审计　B. 民间审计　C. 内部审计　D. 汇总审计

2. 审计职能主要有(　　)。

A. 核算职能　B. 评价职能　C. 鉴证职能　D. 监督职能

3. 内部审计包括(　　)。

A. 单位内部审计　B. 部门内部审计　C. 社会审计　D. 国家审计

4. 审计的独立性表现为(　　)。

A. 经济独立　B. 人员独立　C. 业务工作独立　D. 机构独立

5. 审计关系人有(　　)。

A. 审计人　B. 管理当局　C. 委托人　D. 被审计人

六、案例分析题

2006 年 3 月 5 日，某市审计局接受国家委托，对本市红日公司 2005 年财务收支进行审计。在审计过程中，审计机构和人员的经费来自审计局，审计人员采取回避措施，市审计局与被审计单位无利害关系。审计结束后，审计人员作出审计报告时，采纳了该市政协某领导的建议(为被审计单位领导求情)。根据资料要求分析：

1. 审计主体是谁？

2. 指出审计的三关系人。

3. 审计对象的内容是什么？

4. 审计独立性如何？

第二章 审计组织体系

【导读】

了解我国审计组织、审计人员及相关法律法规。我国审计组织体系由政府审计机关、内部审计机构和民间审计组织组成。

第一节 政府审计机关和人员

政府审计是指由政府审计机关对各级财政、国有金融机构和全民所有制企业、事业单位以及其他国有资产单位的财政、财务收支的真实性、合法性和效益性所实施的审计。

一、政府审计的组织机构和领导体制

国家审计机关是代表国家在其授权范围内行使审计监督权的机构，是实施国家审计的主体，它具有法律赋予的权威性。世界各国由于政治体制、经济体制和文化传统等方面的不同，其政府审计体制也存在较大差异。根据国家审计机关的职能和隶属关系，世界各国的政府审计模式可以划分为:立法模式、司法模式、行政模式和独立模式。

立法模式。审计机关隶属于立法部门，直接对议会负责并报告工作，完全独立于政府，主要审计政府财政。该模式以加拿大、美国等国家为代表，适合于在政治体制上属于立法、司法和行政三权分立并且有较为完善的立法机构和立法程序的国家。立法型审计机关地位高、独立性强，不受行政当局的控制和干预。美国除了国会设有审计机构外，在联邦政府各部门还另设有监察长办公室，相当于政府部门的内部审计，主要负责审查所在部门的业务活动、经济效果以及本部门官员行为的合法性。

司法模式。审计机关隶属于司法部门，审计机关除具有审计职能外，还拥有一定的司法权限，具有很高的权威性，审计的主要对象是国家财政。法国、意大利、巴西是典型的代表。

行政模式。审计机关在体制上隶属于国家行政部门。在该模式下，国家审计机关隶属于政府或政府某一部门，根据政府所赋予的职责权限实施审计。它们对政府负责，保证政府财经政策、法令、计划、预算的正常实施。目前，实行这种模式的主要有瑞典、沙特等少数国家。

独立模式。审计机关不隶属于任何权力部门。以德国为典型代表，设立了联邦审计院，独立于立法、司法和行政部门之外，直接对法律负责。

在上下级审计机关领导体制方面，主要分为以下三种:第一，中央审计机关和地方审计机关各自独立，一般没有领导与被领导的关系，也没有业务指导关系，两者完全平等，如美、英等国;第二，中央审计机关对地方审计机关实行垂直领导和管理，如菲律宾等;第三，地方审计机关受本级政府和上一级审计机关的双重领导。政府审计的领导体制主要取决于国家的政治体制。

我国政府审计属于行政模式。国家审计机关分为国务院和地方两级。中华人民共和国审

计署是国务院所属部委的国家机关，是我国最高审计机关，在国务院总理领导下，主管全国的审计工作。审计长是审计署的行政首长。我国县以上地方人民政府设立审计局，接受本级人民政府和上一级审计机关的双重领导。

我国审计机关的双重领导体制具有三个基本特征：一是审计机关直接受本级人民政府行政首长领导；二是地方审计机关实行双重领导体制，同时受本级人民政府行政首长和上一级审计机关领导；三是地方审计机关的审计业务以上级审计机关领导为主。

二、审计机关职责

根据《审计法》规定，审计机关职责：

1. 审计机关对本级各部门（含直属单位）和下级政府预算的执行情况和决算以及其他财政收支情况，进行审计监督。

2. 审计署在国务院总理领导下，对中央预算执行情况和其他财政收支情况进行审计监督，向国务院总理提出审计结果报告。

地方各级审计机关分别在省长、自治区主席、市长、州长、县长、区长和上一级审计机关的领导下，对本级预算执行情况和其他财政收支情况进行审计监督，向本级人民政府和上一级审计机关提出审计结果报告。

3. 审计署对中央银行的财务收支，进行审计监督。审计机关对国有金融机构的资产、负债、损益，进行审计监督。

4. 审计机关对国家的事业组织和使用财政资金的其他事业组织的财务收支，进行审计监督。

5. 审计机关对国有企业的资产、负债、损益，进行审计监督。

6. 对国有资本占控股地位或者主导地位的企业、金融机构的审计监督，由国务院规定。

7. 审计机关对政府投资和以政府投资为主的建设项目的预算执行情况和决算，进行审计监督。

8. 审计机关对政府部门管理的和其他单位受政府委托管理的社会保障基金、社会捐赠资金以及其他有关基金、资金的财务收支，进行审计监督。

9. 审计机关对国际组织和外国政府援助、贷款项目的财务收支，进行审计监督。

10. 审计机关按照国家有关规定，对国家机关和依法属于审计机关审计监督对象的其他单位的主要负责人，在任职期间对本地区、本部门或者本单位的财政收支、财务收支以及有关经济活动应负经济责任的履行情况，进行审计监督。

11. 审计机关对其他法律、行政法规规定应当由审计机关进行审计的事项，进行审计监督。

12. 审计机关有权对与国家财政收支有关的特定事项，向有关地方、部门、单位进行专项审计调查，并向本级人民政府和上一级审计机关报告审计调查结果。

13. 审计机关根据被审计单位的财政、财务隶属关系或者国有资产监督管理关系，确定审计管辖范围。

审计机关之间对审计管辖范围有争议的，由其共同的上级审计机关确定。

14. 依法属于审计机关审计监督对象的单位，应当按照国家有关规定建立健全内部审计制度；其内部审计工作应当接受审计机关的业务指导和监督。

15. 社会审计机构审计的单位依法属于审计机关审计监督对象的，审计机关按照国务院的规定，有权对该社会审计机构出具的相关审计报告进行核查。

三、审计机关权限

根据《审计法》规定，审计机关权限：

1. 审计机关有权要求被审计单位按照审计机关的规定提供预算或者财务收支计划、预算执行情况、决算、财务会计报告，运用电子计算机储存、处理的财政收支、财务收支电子数据和必要的电子计算机技术文档，在金融机构开立账户的情况，社会审计机构出具的审计报告，以及其他与财政收支或者财务收支有关的资料，被审计单位不得拒绝、拖延、谎报。

被审计单位负责人对本单位提供的财务会计资料的真实性和完整性负责。

2. 审计机关进行审计时，有权检查被审计单位的会计凭证、会计账簿、财务会计报告和运用电子计算机管理财政收支、财务收支电子数据的系统，以及其他与财政收支、财务收支有关的资料和资产，被审计单位不得拒绝。

3. 审计机关进行审计时，有权就审计事项的有关问题向有关单位和个人进行调查，并取得有关证明材料。有关单位和个人应当支持、协助审计机关工作，如实向审计机关反映情况，提供有关证明材料。

审计机关经县级以上人民政府审计机关负责人批准，有权查询被审计单位在金融机构的账户。

审计机关有证据证明被审计单位以个人名义存储公款的，经县级以上人民政府审计机关主要负责人批准，有权查询被审计单位以个人名义在金融机构的存款。

4. 审计机关进行审计时，被审计单位不得转移、隐匿、篡改、毁弃会计凭证、会计账簿、财务会计报告以及其他与财政收支或者财务收支有关的资料，不得转移、隐匿所持有的违反国家规定取得的资产。

审计机关对被审计单位违反前款规定的行为，有权予以制止；必要时，经县级以上人民政府审计机关负责人批准，有权封存有关资料和违反国家规定取得的资产；对其中在金融机构的有关存款需要予以冻结的，应当向人民法院提出申请。

审计机关对被审计单位正在进行的违反国家规定的财政收支、财务收支行为，有权予以制止；制止无效的，经县级以上人民政府审计机关负责人批准，通知财政部门和有关主管部门暂停拨付与违反国家规定的财政收支、财务收支行为直接有关的款项，已经拨付的，暂停使用。

5. 审计机关认为被审计单位所执行的上级主管部门有关财政收支、财务收支的规定与法律、行政法规相抵触的，应当建议有关主管部门纠正；有关主管部门不予纠正的，审计机关应当提请有权处理的机关依法处理。

6. 审计机关可以向政府有关部门通报或者向社会公布审计结果。

审计机关通报或者公布审计结果，应当依法保守国家秘密和被审计单位的商业秘密，遵守国务院的有关规定。

7. 审计机关履行审计监督职责，可以提请公安、监察、财政、税务、海关、价格、工商行政管理等机关予以协助。

四、审计机关人员

审计人员在执行审计工作时应当严格遵守国家法律法规和相关要求，并不断提高自己的业务素质。国家对审计人员依法加以保护。具体要求表现为：

1. 审计人员应当具备与其从事的审计工作相适应的专业知识和业务能力。

2. 审计人员办理审计事项，与被审计单位或者审计事项有利害关系的，应当回避。

3. 审计人员对其在执行职务中知悉的国家秘密和被审计单位的商业秘密，负有保密的义务。

4. 审计人员依法执行职务，受法律保护。任何组织和个人不得拒绝、阻碍审计人员依法执行职务，不得打击报复审计人员。

5. 审计机关负责人依照法定程序任免。审计机关负责人没有违法失职或者其他不符合任职条件的情况的，不得随意撤换。

五、审计责任

审计人员滥用职权、徇私舞弊、玩忽职守，构成犯罪的，依法追究刑事责任；不构成犯罪的，给予行政处分。

第二节　内部审计机构和人员

内部审计，是指组织内部的一种独立客观的监督和评价活动，它通过审查和评价经营活动及内部控制的适当性、合法性和有效性来促进组织目标的实现。

一、内部审计机构

内部审计机构的类型。内部审计机构根据领导关系包括下列类型：(1) 由企业董事会或其所属审计委员会领导的内部审计部门。(2) 由企业总裁或总经理领导的内部审计部门。(3) 由企业主管财务的副总裁或总会计师领导的内部审计部门。

上述三种类型中，第一种独立性最强。领导层次越高，内部审计机构的权威性和独立性越强，越能独立、有效地开展审计工作。

设立内部审计机构的规定。国务院各部门和地方人民政府各部门、国有的金融机构和企业事业组织，应当按照国家有关规定建立健全内部审计制度。各部门、国有的金融机构和企业事业组织的内部审计，应当接受审计机关的业务指导和监督。国家机关、金融机构、企业事业组织、社会团体以及其他单位，应当按照国家有关规定建立健全内部审计制度。法律、行政法规规定设立内部审计机构的单位，必须设立独立的内部审计机构。法律、行政法规没有明确规定设立内部审计机构的单位，可以根据需要设立内部审计机构，配备内部审计人员。有内部审计工作需要，但不具有设立独立的内部审计机构条件和人员编制的国家机关，可以授权本单位内设机构履行内部审计职责。

内部审计机构在本单位主要负责人或者权力机构的领导下开展工作。在设置内部审计机构时应考虑组织的性质、规模、内部治理结构及相关规定，并配备一定数量具有执业资格的内部审计人员。

二、内部审计机构职责

我国内部审计机构按照本单位主要负责人或者权力机构的要求，履行下列职责：(1)对本单位及所属单位(含占控股地位或者主导地位的单位，下同)的财政收支、财务收支及其有关的经济活动进行审计；(2)对本单位及所属单位预算内、预算外资金的管理和使用情况进行审计；(3)对本单位内设机构及所属单位领导人员的任期经济责任进行审计；(4)对本单位及所属单位固定资产投资项目进行审计；(5)对本单位及所属单位内部控制制度的健全性和有效性以及风险管理进行评审；(6)对本单位及所属单位经济管理和效益情况进行审计；(7)法律、法规规定和本单位主要负责人或者权力机构要求办理的其他审计事项。

内部审计机构每年应当向本单位主要负责人或者权力机构提出内部审计工作报告。

三、内部审计机构权限

在我国，单位主要负责人或者权力机构应当制定相应规定，确保内部审计机构具有履行职责所必需的权限。内部审计机构权限主要有：

1. 要求被审计单位按时报送生产、经营、财务收支计划，预算执行情况、决算、会计报表和其他有关文件、资料；

2. 参加本单位有关会议，召开与审计事项有关的会议；

3. 参与研究制定有关的规章制度，提出内部审计规章制度，由单位审定公布后施行；

4. 检查有关生产、经营和财务活动的资料、文件和现场勘察实物；

5. 检查有关的计算机系统及其电子数据和资料；

6. 对与审计事项有关的问题向有关单位和个人进行调查，并取得证明材料；

7. 对正在进行的严重违法违规、严重损失浪费行为，作出临时制止决定；

8. 对可能转移、隐匿、篡改、毁弃会计凭证、会计账簿、会计报表以及与经济活动有关的资料，经本单位主要负责人或者权力机构批准，有权予以暂时封存；

9. 提出纠正、处理违法违规行为的意见以及改进经济管理、提高经济效益的建议；

10. 对违法违规和造成损失浪费的单位和人员，给予通报批评或者提出追究责任的建议；

11. 单位主要负责人或者权力机构在管理权限范围内，授予内部审计机构必要的处理、处罚权；

12. 内部审计机构对本单位有关部门及所属单位严格遵守财经法规、经济效益显著、贡献突出的集体和个人，可以向单位主要负责人或者权力机构提出表扬和奖励的建议。

四、内部审计人员

内部审计人员实行岗位资格和后续教育制度，其所在单位应当予以支持和保障。内部审计人员应具备必要的学识及业务能力，熟悉本组织的经营活动和内部控制，并不断通过后续教育来保持和提高专业胜任能力。同时内部审计人员应具有较强的人际交往技能，能恰当地与他人进行有效的沟通。

内部审计人员办理审计事项，应当严格遵守内部审计职业规范，忠于职守，做到独立、客观、公正、保密。内部审计人员应当遵循职业道德规范，并以应有的职业谨慎态度执行内部审计业务。内部审计机构和人员应保持独立性和客观性，不得负责被审计单位经营活动和内部控制的决策与执行。

单位主要负责人或者权力机构应当保护内部审计人员依法履行职责，任何单位和个人不得打击报复。

第三节 民间审计组织和人员

民间审计是指由会计师事务所受有关各方的委托，以独立第三人身份承办审计、审阅、资产评估、会计咨询和会计服务及相关业务。民间审计的基本特征在于：审计的独立性、审计的委托性、审计的有偿性。

一、民间审计组织

我国的民间审计组织包括会计师事务所和注册会计师协会。

（一）会计师事务所

会计师事务所是依法设立并承办注册会计师业务的机构，注册会计师执行业务，应当加入会计师事务所。会计师事务所的组织形式主要有独资、普通合伙、有限责任公司、有限责任合伙制四种形式。

1. 独资会计师事务所

独资会计师事务所是指由具有注册会计师执业资格的个人独立开业，并承担无限责任的一种事务所组织形式。该形式的优点是：(1)对执业人员的数量没有限制，容易设立。(2)执业灵活，能够在代理记账、代理纳税等方面很好地满足小型企业对注册会计师服务业务的需求。(3)虽然该形式下注册会计师应对其违法行为承担无限责任，但实际发生风险的程度相对较低。采用该形式的缺点是：①无力承担大型业务。②缺乏发展后劲。

2. 普通合伙制会计师事务所

普通合伙制会计师事务所是指由两名或两名以上注册会计师组成的合伙组织，各合伙人以各自的财产对事务所的债务承担无限连带责任。它的优点是，在风险牵制和共同利益的驱动下促使事务所强化专业发展、扩大规模、提高风险规避能力。采用该形式的缺点是：通过合伙制的方式扩大事务所规模，建立一个跨地区、跨国界的大型事务所要经历一个漫长的过程。同时，任何一个合伙人执业中的疏忽或舞弊行为，都可能给事务所带来灭顶之灾。

3. 有限责任公司制会计师事务所

有限责任公司制会计师事务是指由注册会计师认购事务所股份并以其所认购股份对事务所承担有限责任，事务所以全部资产对其债务承担有限责任的事务所组织形式。它的优点是，可以通过股份制形式迅速聚集一批注册会计师，承办大型业务。该形式的缺点是，降低了风险责任对执业行为的高度制约，弱化了注册会计师的个人责任。

4. 有限责任合伙制会计师事务所

有限责任合伙制会计师事务所是指事务所以全部资产对其债务承担责任，各合伙人对个人执业行为承担无限责任，对其他合伙人的过失或不当执业行为以自己在事务的财产承担有限责任的一种事务所组织形式。它的最大特点在于，既融合了普通合伙制和有限责任公司制会计师事务所的优点，又摒弃了它们的不足。它自20世纪90年代初期兴起以来，许多国家和地区的大中型会计师事务所陆续开始向其转型，已成为当今注册会计师职业界组织形式发展的一大趋势。

我国的注册会计师事务所可以由注册会计师合伙设立。合伙设立的会计师事务所的债务，由合伙人按照出资比例或者协议的约定，以各自的财产承担责任。合伙人对会计师事务所的债务承担连带责任。

在我国设立负有限责任的法人会计师事务所应当符合下列条件：(1)不少于三十万元的注册资本；(2)有一定数量的专职从业人员，其中至少有五名注册会计师；(3)国务院财政部门规定的业务范围和其他条件。负有限责任的会计师事务所以其全部资产对其债务承担责任。

设立会计师事务所，由国务院财政部门或者省、自治区、直辖市人民政府财政部门批准。

(二)注册会计师协会

中国注册会计师协会是由注册会计师组成的社会团体，是注册会计师的全国组织。省、自治区、直辖市注册会计师协会是注册会计师的地方组织。注册会计师协会接受国务院财政部门和省、自治区、直辖市人民政府财政部门的监督、指导。注册会计师协会依法取得社会团体法人资格。

我国因体制原因，原有中国注册会计师协会和中国注册审计师协会，于1995年两会合并为中国注册会计师协会。于2000年9月，中国注册会计师协会和中国注册资产评估师协会实现合并。

中国注册会计师协会的主要职责为：依法拟订注册会计师执业准则、规则，报国务院财政部门批准后施行；审批和管理本会会员，支持注册会计师依法执行业务，维护其合法权益，向有关方面反映其意见和建议；对注册会计师的任职资格和执业情况进行年度检查。

二、民间审计人员

(一)注册会计师职业资格的取得

我国实行注册会计师全国统一考试制度。注册会计师全国统一考试办法，由国务院财政部门制定，由中国注册会计师协会组织实施。具有高等专科以上学校毕业的学历、或者具有会计或者相关专业中级以上技术职称的中国公民，可以申请参加注册会计师全国统一考试；具有会计或者相关专业高级技术职称的人员，可以免予部分科目的考试。参加注册会计师全国统一考试成绩合格，并从事审计业务工作二年以上的，可以向省、自治区、直辖市注册会计师协会申请注册。

(二)注册会计师职业道德规范

我国注册会计师在执业过程中必须遵守下列职业道德规范

1.基本原则。注册会计师应当遵守职业道德准则，履行相应的社会责任，维护社会公众利益。在执行审计、审核和审阅等鉴证业务时，应当恪守独立、客观、公正的原则，保持应有的职业谨慎，保持和提高专业胜任能力，遵守独立审计准则等职业规范，勤勉尽责，对执业过程中获知的客户信息应当保密。

2. 具体要求。具体要求包括独立性，专业胜任能力，保密，收费与佣金，与执行鉴证业务不相容的工作，接任前任注册会计师的审计业务，广告、业务招揽和宣传等。

(1)独立性。独立性是注册会计师执行鉴证业务的灵魂。较早给出权威解释的是美国注册会计师协会。美国注册会计师协会在 1947 年发布的《审计暂行标准》中指出："独立性的涵义相当于完全诚实、公正无私、无偏见、客观认识事实、不偏袒。"独立性包括实质上的独立和形式上的独立。实质上的独立是指注册会计师在发表意见时其专业判断不受影响，公正执业，保持客观和专业怀疑；形式上的独立是指会计师事务所或鉴证小组避免出现这样重大的情形，使得拥有充分相关信息的理性第三方推断其公正性，客观性或专业怀疑受到损害。对于注册会计师来说，无论其业务技能多么高超，如丧失了独立性，那么他对财务报表表示的意见，对使用和依赖此种意见的客户、投资者、债权人和政府机构将毫无价值。独立性是审计的根本所在。

可能损害独立性的因素包括经济利益、自我评价、关联关系和外界压力等。

(2)专业胜任能力。专业胜任能力是指作为注册会计师能够胜任承接的工作，经济、有效地完成客户委托的业务所应当具有专业知识、技能或经验。注册会计师必须清醒认识到自己在专业胜任能力方面的不足，否则承接了难以胜任的业务，就可能给客户乃至社会公众带来危害。因而注册会计师应当通过教育、培训和执业实践保持和提高专业胜任能力，并不得宣称自己具有本不具备的专业知识、技能或经验，不得提供不能胜任的专业服务。

(3)保密。注册会计师能否完成客户委托的业务，有赖于双方能否自愿而又充分进行沟通和交流，不掩盖任何重要的事实和情况。但注册会计师与客户的沟通，必须建立在为客户保密的基础上。客户信息，通常是指商业秘密。一旦商业秘密被泄露或被利用，往往给客户造成损失。注册会计师应当对在执业过程中获知的客户信息保密，这一保密责任不因业务约定的终止而终止。同时还应当采取措施，确保业务助理人员和专家遵守保密原则。注册会计师不得利用在执业过程中获知的客户信息为自己或他人谋取不正当的利益。但在以下情况下，注册会计师可以披露客户的有关信息：①取得客户的授权；②根据法规要求，为法律诉讼准备文件或提供证据，以及向监管机构报告发现的违反法规行为；③接受同业复核以及注册会计师协会和监管机构依法进行的质量检查。

(4)收费与佣金。会计师事务所的收费应当公平地反映为客户提供的专业服务的价值。确定收费时，会计师事务所应当考虑以下因素：①专业服务所需的知识和技能；②所需专业人员的水平和经验；③每一专业人员提供服务所需的时间；④提供专业服务所需承担的责任。在专业服务得到良好的计划、监督及管理的前提下，收费通常以每一专业人员适当的小时费用率或日费用率为基础计算。

在注册会计师行业，过度的竞争特别是低价格的竞争，往往会削弱注册会计师的独立性，降低其服务的质量。另外，或有收费在鉴证业务中危害较大，因而除法规允许外，会计师事务所不得以或有收费方式提供鉴证服务，收费与否或多少不得以鉴证工作结果或实现特定目的为条件。会计师事务所和注册会计师不得为招揽客户而向推荐方支付佣金，也不得因向第三方推荐客户而收取佣金。不得因宣传他人的产品或服务而收取佣金。

(5)与执行鉴证业务不相容的工作。如果注册会计师正在或将要提供的服务，与其提供鉴证服务所需要的独立性发生冲突，就产生了不相容的工作。目前，我国不允许会计师事务所为同一家上市公司同时提供编制会计报表和审计服务、不得为同一家上市公司同时提供资产评估和审计服务。同时，会计师事务所的高级管理人员或员工不得担任鉴证客户的董事（包括独立董事）、经理以及其他关键管理职务。总之，注册会计师不得从事有损于或可能有损于其独立性、客观性、公正性或职业声誉的业务、职业或活动。

(6)接任前任注册会计师的审计业务。会计师事务所的更换，涉及前后任注册会计师。前后任注册会计师的关系，仅限于审计业务，因为审计业务提供的保证程度较高，且是一项连续业务，而其他鉴证业务如盈利预测审核，会计报表审阅等业务提供的保证程度较低，且是非连续业务，不包括在内。

客户经常更换会计师事务所，暗示着注册会计师可能与客户在重大会计、审计问题上存在分歧，客户不认可注册会计师的立场。在一些情况下，如果注册会计师拒绝出具客户希望得到的意见，客户就可能通过更换会计师事务所实现其目的，这种情况构成了购买审计意见。此外，客户可能与会计师事务所在收费上存在争议，而声称对注册会计师提供的服务不满意，或注册会计师缺乏专业胜任能力等。

我国规定上市公司解聘或者不再续聘会计师事务所时应当由股东大会作出决定，并在有关报刊上予以披露，必要时还应说明更换原因，并报中国证监会和中国注册会计师协会备案。上市公司解聘或者不再续聘会计师事务所，应当事先通知会计师事务所，会计师事务所有权向股东大会陈述意见。

后任注册会计师在接任前任注册会计师的审计业务时不得蓄意侵害前任注册会计师的合法权益。在接受审计业务委托前，后任注册会计师应当向前任注册会计师询问审计客户变更会计师事务所的原因，并关注前任注册会计师与审计客户之间在重大会计、审计等问题上可能存在的意见分歧。后任注册会计师应当提请审计客户授权前任注册会计师对其询问作出充分的答复。前任注册会计师应当根据所了解的情况对后任注册会计师的询问作出及时、充分的答复。

(7)广告、业务招揽和宣传。我国会计师事务所和注册会计师不得对其能力进行广告宣传以招揽业务。会计师事务所和注册会计师不宜刊登广告，主要有三条理由：①注册会计师的服务质量及能力无法由广告内容加以评估；②广告可能损害专业服务的精神；③广告可能导致同行之间的不正当竞争。

注册会计师在向社会公众传递信息时，应当维护职业形象，做到客观、真实、得体。会计师事务所不得利用新闻媒体对其能力进行广告宣传，但刊登设立、合并、分立、解散、迁址、名称变更、招聘员工等信息以及注册会计师协会为会员所作的统一宣传不在此限。

会计师事务所和注册会计师不得采用强迫、欺诈、利诱或骚扰等方式招揽业务。会计师事务所和注册会计师在招揽业务时不得有以下行为：①暗示有能力影响法院、监管机构或类似机构及其官员；②作出自我标榜的陈述，且陈述无法予以证实；③与其他注册会计师进行比较；④不恰当地声明自己是某一特定领域的专家；⑤作出其他欺骗性的或可能导致误解的声明。

会计师事务所和注册会计师进行宣传时，不得有以下行为：①利用政府委托或特别奖励谋取不正当利益；②当会计师事务所将其名称、地址、电话号码以及其他必要的联系信息载入电话簿、信纸或其他载体时，含有自我标榜的措辞；③当注册会计师就专业问题参与演讲、访谈或广播、电视节目时，抬高自己及其会计师事务所；④当会计师事务所通过新闻媒体发布招聘信息时，含有抬高自己的成分。

三、法律责任

注册会计师在执业过程如果没有保持应有的职业谨慎，并因此导致了对他人的权利损害，可能因此承担法律责任。

注册会计师承担法律责任的主要原因：

1. 违约。即注册会计师未能完全达到业务委托约定书的要求，给委托人造成损失的应当承担违约责任。

2. 过失。即注册会计师执业过程中应当保持合理的谨慎（即在相同条件下其他合格的注册会计师可做到的谨慎），否则即构成过失。过失按程度分为普通过失和重大过失。普通过失指注册会计师在进行执业时没有保持职业上应有的合理的谨慎，没有完全遵循专业准则的要求。重大过失则指注册会计师进行执业时连起码的谨慎都不保持，根本没有遵循专业准则或没有按专业准则的基本要求执行审计。

3. 欺诈。即注册会计师为了达到欺骗他人的目的，明知委托单位的报表有重大错报，却加以虚伪陈述，出具无保留意见的审计报告。

注册会计师因上述原因可能被判承担法律责任。法律责任的形式有：

1. 行政责任。是指注册会计师由于违反行政法律法规，以致给他人造成损失时所应承担的责任。行政责任分行政处罚和纪律处分。行政处罚有劳动教养、行政拘留、警告、罚款等。纪律处分有记过、降级、撤销职务、留用察看、开除等。注册会计师承担行政责任时，被警告、暂停执业、吊销注册会计师证等。

2. 民事责任。是指注册会计师由于违反民事法律法规，以致给他人造成损失时所应承担的责任。民事责任形式有赔偿损失、支付违约金、消除影响、赔礼道歉等。

3. 刑事责任。是指注册会计师由于触犯法律而应承担的责任。刑事责任形式有拘役、有期徒刑、无期徒刑、死刑等。

注册会计师的执业特点决定了注册会计师容易受到控诉。注册会计师要避免法律诉讼就应当：第一，要严格遵守职业道德和专业标准的要求，增强执业独立性，保持应有的职业谨慎。第二，要审慎选择被审计单位并与其签定规范的业务约定委托书。在接受委托前要了解被审计单位的历史情况，评价它的品格，弄清委托的真正目的。这样才能明确责任，降低风险。第三，审计过程中应当深入了解被审计单位的业务，强化执业监督。第四，在遇到重大问题时，注册会计师要熟悉注册会计师法律责任的律师共同分析其中存在的重大风险，并认真考虑律师的建议。

[案例 2－1]

北京长城机电产业公司是一家所谓的民营高科技企业，以签定“技术开发合同”的形式进行非法集资活动，投资者对其有所怀疑，要求退回投资款。长城公司聘请中诚会计师事务所为其出具虚假验资报告，起到了欺骗作用，造成了后果。审计署、财政部、证监会对该会计师事务所作出处罚，对承办审计业务的两名注册会计师判处有期徒刑，因年龄偏大，监外执行。

[案例 2－2]

成都蜀都会计师事务所对红光公司出具有严重虚假内容的财务审计报告和含有严重误导性内容的盈利预测审核意见书，中国证监会对该所没收非法所得30万元并处罚款60万元，暂停该所从事证券业务3年。

［**案例2-3**］

四川德阳市会计师事务所为四川德阳东方贸易公司出具了一份验资报告，并称上述情况属实。“如果发现验资不实时，由我所负责承担证明金额内的赔偿责任”。后来证明其验资报告是虚假的，德阳市会计师事务所作为被告，承担相应责任，赔偿经济损失23万元。

课外阅读资料

英国的注册会计师行业组织。英国是注册会计师职业的发源地。1845年，英国《公司法》规定，公司的账目应当由会计师审计，这标志着注册会计师的产生。目前英国注册会计师行业共有六个行业协会组织，即英格兰-威尔士特许会计师协会（ICAEW）、苏格兰特许会计师协会（ICAS）、爱尔兰特许会计师协会（ICAI）、特许注册会计师协会（ACCA）、特许管理会计师协会（CIMA）和特许公共财务与会计协会（CIPFA），其中前四个协会组织是法律认可的注册会计师行业管理组织。（1）组织培训考试：在英国，要想取得注册会计师资格，必须参加协会组织或安排的培训，并通过规定的考试课程。英国是世界上最早推行注册会计师资格考试制度的国家。1880年，英格兰-威尔士特许会计师协会成立后，于1882年7月开始实行通过3次严格考试接收新会员的规则。培训考试涉及的学科和内容、考试次数等受不同时期民间审计业务范围的影响，随着执业环境的变化而不断变化。目前，英国特许会计师培训考试是由各会计职业团体分别组织进行的。各会计职业团体对考试资格要求、考试内容、考试次数的规定大同小异。对考试资格的要求是：大学毕业、获学士学位，并有3～4年的实际工作经验。报考人员考试合格后才能向各协会申请注册为特许会计师。（2）审计资格的注册管理：根据1984年欧共体发布的第八号指令及英国《1989年公司法》的规定，英国自1991年10月1日起，实行了审计资格注册制度，即：特许会计师只有取得审计资格后，才能从事审计业务，同时，会计师事务所要承办审计业务，也必须取得审计资格。而在此之前，所有的特许会计师和会计师事务所均可承办审计业务。目前，英国只有ICAEW、ICAS、ICAI和ACCA四家协会可以注册审计资格。这四个协会都下设注册委员会，负责具体办理从事审计业务的个人和事务所的注册事宜。

复习思考题

一、名词解释

1. 政府审计：
2. 内部审计：
3. 独资会计师事务所：
4. 专业胜任能力：
5. 普通过失：

二、简答题

1. 注册会计师承担的法律责任及其原因有哪些？
2. 我国注册会计师考试办法及资格是什么？

3. 会计师事务所和注册会计师在招揽业务时不得有哪些行为？

4. 会计师事务所的收费应当公平地反映为客户提供的专业服务的价值。确定收费时，会计师事务所应当考虑哪些因素？

5. 会计师事务所的组织形式主要有哪几种，简述它们的优缺点。

三、填空题

1. 如果注册会计师正在或将要提供的服务，与其提供鉴证服务所需要的独立性发生冲突，就产生了 ________的工作。

2. 过失按程度分为普通过失和 ________。

3. 注册会计师不得从事有损于或可能有损于其独立性、________、________或职业声誉的业务、职业或活动。

4. ________ 是注册会计师执行鉴证业务的灵魂。

5. 参加注册会计师全国统一考试成绩合格，并从事审计业务工作________以上的，可以向省、自治区、直辖市注册会计师协会申请注册。

四、多项选择题

1. 注册会计师承担责任的形式有(　　)。

A. 民事责任　　B. 行政责任

C. 刑事责任　　D. 道德责任

2. (　　) 指注册会计师进行执业时连起码的谨慎都没保持，根本没有遵循专业准则或没有按专业准则的要求和没有保持职业上应有的合理的谨慎，没有完全遵循专业准则的要求。

A. 普通过失　　B. 重大过失

C. 违约　　D. 欺诈

3. 注册会计师承担责任的主要原因是(　　)。

A. 普通过失　　B. 重大过失

C. 违约　　D. 欺诈

4. 在我国设立负有限责任的法人会计师事务所应当符合下列条件(　　)。

A. 不少于三十万元的注册资本

B. 有一定数量的专职从业人员，其中至少有五名注册会计师

C. 连续三年盈利

D. 国务院财政部门规定的业务范围和其他条件

5. 注册会计师可以披露客户的有关信息情形有(　　)。

A. 取得客户的授权

B. 根据法规要求，为法律诉讼准备文件或提供证据，以及向监管机构报告发现的违反法规行为

C. 接受同业复核以及注册会计师协会和监管机构依法进行的质量检查

D. 随时披露

五、判断题

1. 注册会计师执业过程中没有保持合理的谨慎，并给委托人造成一定损失的行为是违约

行为。( )

2. 注册会计师承担法律责任的形式有:违约、过失和欺诈。( )

3.“审计人员应当具备与其从事的审计工作相适应的专业知识和业务能力”，这是审计机关的职责内容之一。( )

4. 根据国家审计机关的职能和隶属关系，世界各国的政府审计模式可以划分为:立法模式、司法模式、行政模式和独立模式。( )

5. 我国的政府审计属于行政模式。( )

第三章　审计准则和审计标准

【导读】

通过本章的学习，要求正确理解审计准则的概念，重点介绍民间新审计准则的内容；掌握审计标准的概念及其特征。

第一节　审计准则

审计准则是审计人员实施审计工作时应遵循的行为规范，是衡量审计工作质量的标准。审计准则是一种行业规则，一般来说，它的内容必须在行业执业过程中得到广大审计人员的公认，同时，它又必须经过专业机构对行业规则加以总结和规范，以制度化条款形式公布于众。由于不同的审计主体、工作方式等，必须按照政府审计、内部审计和民间审计的不同特点，分别制定审计准则。

一、政府审计准则

政府审计准则，也称国家审计准则，是指审计署制定的规范全国审计机关依法审计的部门规章，适用于各级审计机关和审计人员依法开展审计工作。其他审计组织承办国家审计机关审计事项也应当遵守本准则。

为全面落实《审计法》，促使审计机关和审计人员按照统一的审计准则开展审计工作，规范审计行为，提高审计质量，明确审计责任，我国审计署制定了国家审计准则。国家审计准则体系是审计法律规范体系的组成部分，它由审计基本准则、通用审计准则和专业审计准则、审计指南三个层次组成。

(一)审计基本准则

审计基本准则是制定其他审计准则和审计指南的依据，是审计准则的总纲。审计基本准则由总则、一般准则、作业准则、报告准则和报告处理准则五部分组成。其主要内容如下：

1. 总则

总则解释国家审计基本准则是规范审计机关及其审计人员依法办理审计事项时应当遵循的行为规范，是衡量审计质量的基本尺度。

2. 一般准则

一般准则是审计机关及其审计人员应当具备的基本资格条件和职业要求。审计一般准则规定，审计机关和审计人员办理审计事项，应当客观公正，实事求是，保持应有的独立性和职业谨慎；审计机关和审计人员不得参与被审计单位的行政或者经营管理活动，在审计过程中，必须遵守有关廉政纪律的规定；办理审计事项，与被审计单位或者审计事项有直接利害关系的，应当回避；同时也对保密性、继续教育、专业技术考评、人员任用作了具体规定。

3. 作业准则

作业准则是审计机关和审计人员在审计计划、准备和实施阶段应当遵循的行为规范。在作业准则中：

(1)明确了年度计划的确定，审计小组成立，审计方案的编制方法和程序；

(2)明确了审计通知书的送达时间和主要内容；

(3)明确了审计人员进行符合性测试和实质性测试的内容和程序；

(4)明确了审计人员搜集审计证据的具体要求；

(5)明确了审计工作底稿的编制方法和内容，以及对工作底稿进行检查和复核的要求。

4. 报告准则

报告准则是审计组反映审计结果、提出审计报告以及审计机关审定审计报告时应当遵循的行为规范。在报告准则中：

(1)明确了审计机关提交审计报告的程序和时间；

(2)明确了审计报告的内容；

(3)明确了审计报告的复核和审定程序。

5. 报告处理准则

审计报告处理准则是审计机关审定审计报告后，对审计事项作出评价，出具审计意见书，对违反国家规定的财政收支、财务收支行为以及违反《审计法》的行为，作出处理、处罚的审计决定，或者提出审计建议以及报告审计工作时应当遵循的行为规范。在审计报告处理准则中：

(1)明确了审计机关进行审计处理的主要程序；

(2)明确了审计意见书和审计决定的主要内容；

(3)明确了审计机关进行审计处理和处罚的具体形式；

(4)明确了审计决定的法律效应；

(5)明确了被审计单位对审计机关做出审计决定的具体行政行为不服时申请复议的程序；

(6)明确了审计机关应当向本级人民政府，上一级审计机关和本级人民代表大会常务委员会提出对上一年度本级预算执行和其他财政收支的审计报告。

(二)通用审计准则与专业审计准则

通用审计准则是依据国家审计基本准则制定的，是审计机关和审计人员在依法办理审计事项，提交审计报告，评价审计事项，出具审计意见书，作出审计决定时，应当遵循的一般具体规范。

专业审计准则是依据国家审计基本准则制定的，是审计机关和审计人员依法办理不同行业的审计事项时，在遵循通用审计准则的基础上，同时应当遵循的特殊具体规范。

(三)审计指南

审计指南是对审计机关和审计人员办理审计事项提出的审计操作规程和方法，为审计机关和审计人员从事专门审计工作提供可操作的指导性意见。

二、内部审计准则

为促使内部审计机构和人员按照统一的内部审计准则开展内部审计工作，保障内部审计机构和人员依法行使职权，保证内部审计质量，提高内部审计效率，防范审计风险，促进组织的自我完善与发展，中国内部审计协会制定了内部审计准则。内部审计准则是内部审计工作规范体系的重要组成部分，由内部审计基本准则、内部审计具体准则、内部审计实务指南三个层次组成。

(一)内部审计基本准则。内部审计基本准则是内部审计准则的总纲，是内部审计机构和人员进行内部审计时应当遵循的基本规范，是制定内部审计具体准则、内部审计实务指南的基本依据。

(二)内部审计具体准则。内部审计具体准则是依据内部审计基本准则制定的，是内部审计机构和人员在进行内部审计时应当遵循的具体规范。

(三)内部审计实务指南。内部审计实务指南是依据内部审计基本准则、内部审计具体准则制定的，为内部审计机构和人员进行内部审计提供的具有可操作性的指导意见。

中国内部审计准则适用于内部审计机构和人员进行内部审计的全过程。

三、民间审计准则

民间审计准则,也称注册会计师审计准则，是指适用于独立的民间审计组织——注册会计师及会计师事务所审计过程的审计准则。

按照财政部领导关于着力完善我国注册会计师审计准则体系，加速实现与国际准则趋同的指示，注册会计师协会发布的注册会计师执业准则体系由三个部分组成，包括注册会计师鉴证业务准则、注册会计师相关服务准则和会计师事务所质量控制准则。该准则体系如图3－1所示。

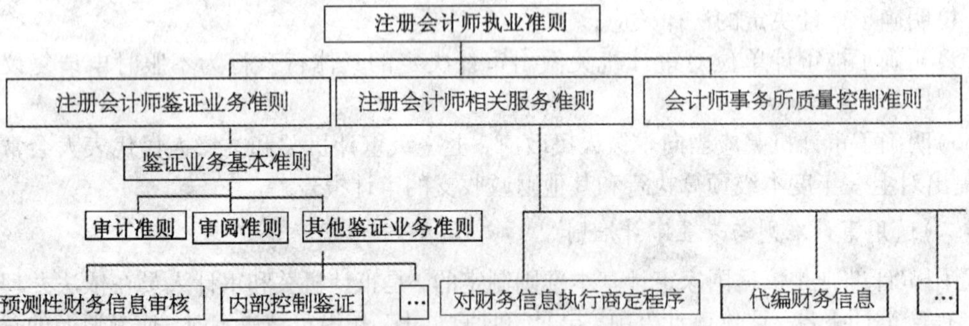

图3－1 注册会计师执业准则体系

(一)注册会计师鉴证业务准则

注册会计师鉴证业务准则分为两个层次：

第一层次是起统领作用的鉴证业务基本准则，是为了规范注册会计师执行鉴证业务，明确鉴证业务的目标和要素，确定审计准则、审阅准则和其他鉴证业务准则适用的鉴证业务类型的准则。

第二层次分为审计准则、审阅准则和其他鉴证业务准则。

1.审计准则。审计准则是用以规范注册会计师执行历史财务信息的审计业务的，它是整个执业准则体系的核心。在提供审计服务时，注册会计师对所审计信息是否不存在重大错报提供合理保证，并以积极方式提出结论。审计准则分为六大类，共四十一项。

(1)一般原则与责任

中国注册会计师审计准则第 1101 号——财务报表审计的目标和一般原则

中国注册会计师审计准则第 1111 号——审计业务约定书

中国注册会计师审计准则第 1121 号——历史财务信息审计的质量控制

中国注册会计师审计准则第 1131 号——审计工作底稿

中国注册会计师审计准则第 1141 号——财务报表审计中对舞弊的考虑

中国注册会计师审计准则第 1142 号——财务报表审计中对法律法规的考虑

中国注册会计师审计准则第 1151 号——与治理层的沟通

中国注册会计师审计准则第 1152 号——前后任注册会计师的沟通

(2)风险评估以及风险的应对

中国注册会计师审计准则第 1201 号——计划审计工作

中国注册会计师审计准则第 1211 号——了解被审计单位及其环境并评估重大错报风险

中国注册会计师审计准则第 1212 号——对被审计单位使用服务机构的考虑

中国注册会计师审计准则第 1221 号——重要性

中国注册会计师审计准则第 1231 号——针对评估和重大错报风险实施的程序

(3)审计证据

中国注册会计师审计准则第 1301 号——审计证据

中国注册会计师审计准则第 1311 号——存货监盘

中国注册会计师审计准则第 1312 号——函证

中国注册会计师审计准则第 1313 号——分析程序

中国注册会计师审计准则第 1314 号——审计抽样和其他选取测试项目的方法

中国注册会计师审计准则第 1321 号——会计估计的审计

中国注册会计师审计准则第 1322 号——公允价值的计量和披露的审计

中国注册会计师审计准则第 1323 号——关联方

中国注册会计师审计准则第 1324 号——持续经营

中国注册会计师审计准则第 1331 号——首次接受委托时对期初余额的审计

中国注册会计师审计准则第 1332 号——期后事项

中国注册会计师审计准则第 1341 号——管理层声明

(4)利用其他主体的工作

中国注册会计师审计准则第 1401 号——利用其他注册会计师的工作

中国注册会计师审计准则第 1411 号——考虑内部审计工作

中国注册会计师审计准则第 1421 号——利用专家的工作

(5)审计结论与审计报告

中国注册会计师审计准则第 1501 号——审计报告

中国注册会计师审计准则第 1502 号——非标准审计报告

中国注册会计师审计准则第 1511 号——比较数据

中国注册会计师审计准则第 1521 号——含有已审计财务报表的文件中的其他信息

(6)特殊领域审计

中国注册会计师审计准则第 1601 号——对特殊目的审计业务出具审计报告

中国注册会计师审计准则第 1602 号——验资

中国注册会计师审计准则第 1611 号——商业银行财务报表审计

中国注册会计师审计准则第 1612 号——银行间函证程序

中国注册会计师审计准则第 1613 号——与银行监管机构的关系

中国注册会计师审计准则第 1621 号——对小型被审计单位审计的特殊考虑

中国注册会计师审计准则第 1631 号——财务报表审计中对环境事项的考虑

中国注册会计师审计准则第 1632 号——衍生金融工具的审计

中国注册会计师审计准则第 1633 号——电子商务对财务报表审计的影响

2. 审阅准则。审阅准则是用以规范注册会计师执行历史财务信息的审阅业务的。在提供审阅服务时，注册会计师对所审阅信息是否不存在重大错报提供有限保证，并以消极方式提出结论。目前，审阅准则只有一项。

中国注册会计师审阅准则第 2101 号——财务报表审阅

3. 其他鉴证业务准则。其他鉴证业务准则是用以规范注册会计师执行历史财务信息审计或审阅以外的其他鉴证业务的。注册会计师根据鉴证业务的性质和业务约定的要求，提供有限保证或合理保证。其他鉴证业务准则包括两项。

中国注册会计师其他鉴证业务准则第 3101 号——历史财务信息审计或审阅以外的鉴证业务

中国注册会计师其他鉴证业务准则第 3111 号——预测性财务信息的审核

(二)注册会计师相关服务准则

相关服务准则用以规范注册会计师代编财务信息、执行商定程序，提供管理咨询等其他服务。在提供相关服务时，注册会计师不提供任何程度的保证。相关服务准则包括两项。

中国注册会计师相关服务准则第 4101 号——对财务信息执行商定程序

中国注册会计师相关服务准则第 4111 号——代编财务信息

(三)会计师事务所质量控制准则

质量控制准则用以规范会计师事务所在执行各类业务时应当遵守的质量控制政策和程序，是对会计师事务所质量控制提出的制度要求。会计师事务所更具质量控制准则来制定质量控制制度，以约束会计师事务所与注册会计师在执业时遵守法律法规、职业道德规范及相应的业务准则，合理保证业务质量。会计师事务所质量控制准则有：

会计师事务所质量控制准则第 5101 号——业务质量控制

(四)注册会计师执业准则指南

为了帮助注册会计师正确理解和运用注册会计师执业准则，中国注册会计师协会针对每项准则都拟定发布了相应的实施指南，与中国注册会计师执业准则同步施行。指南以注册会计师执业准则为依据，二者共同构成了完整的注册会计师执业规范体系。指南是对注册会计师执业准则的细化、深化和具体化，针对具有概念框架功能的准则，指南进一步系统阐述了其理论基础、规范的理由和对执业的影响，指导注册会计师理解执业概念和方法论；针对具有实务操作功能的准则，指南重点阐述了其核心程序和具体方法，通过大量的解释、说明、举例和图示，指导注册会计师正确运用程序和具体方法，具有很强的可操作性与实用性。如：指南解决了注册会计师在运用准则时面临的诸如如何运用审计风险模型等实际问题。

【解读审计准则编号】

在注册会计师执业准则体系中，准则编号由4位数组成，其中：千位数代表不同类别的准则："1"代表审计准则，"2"代表审阅准则，"3"代表其他鉴证业务准则，"4"代表相关服务准则，"5"代表质量控制准则。

百位数代表某一类别准则中的大类。以审计准则为例，我们将审计准则分为六大类，分别用1至6表示："1"代表一般原则与责任，"2"代表风险评估与应对，"3"代表审计证据，"4"代表利用其他主体的工作，"5"代表审计结论与报告，"6"代表特殊领域审计。

十位数代表大类中的小类。

个位数代表小类中的顺序号。

例如，第1311号(存货监盘)，千位数的"1"表示该准则为审计准则，百位数的"3"表示该准则属于审计证据类的准则，十位数的"1"表示获取审计证据的某一小类，个位数的"1"表示该小类准则的序号。

[案例3-1]

ST圣方前身为牡丹江石化集团股份有限公司(以下简称为牡石化)，其主营业务为制造石油化工及橡胶产品。1996年6月10日，在深圳证券交易所挂牌上市。1999年牡石化更名为圣方科技。ST圣方2005年4月16日公布2004年报，宣布扭亏为盈；4月26日公司公告称：我公司部分高管人员、董事、监事因涉嫌提供虚假财务报告及其他犯罪行为被牡丹江市公安局立案侦查，2004年报主审注册会计师张某也因涉嫌提供虚假证明文件罪被刑事拘留。身陷囹圄后，张某醒悟了。他进行了深刻的反思：作为注册会计师，应该遵守执业准则和相应的执业道德；要严格遵循审计准则等操作规范，提高执业技能；注册会计师应当遵守职业道德，不为利所诱；并且会计师事务所要与正直客户打交道。

[案例3-2]

注册会计师李文审计大华公司2004年度会计报表的在建工程项目时，通过现场勘察，发现该公司第三车间项目已投入使用，但大华公司有关人员理解为该项目未办理工程竣工验收手续，可不转入固定资产进行会计核算。根据企业会计制度的规定，已投入使用但尚未办理竣工决算的固定资产，可先按暂估价记账，增加固定资产，并于次月起计提折旧。李文据此建议大华公司对会计报表中固定资产、累计折旧、在建工程等项目做出调整。

[案例3-3]

立信长江会计师事务所为浦东金桥、宏盛科技上市公司审计，其工作地址为上海南京东路61号新黄埔金融大厦四楼，该大楼恰是上述公司的，公司对其实行以租为主的政策。有经验的专家注意到，立信长江会计师事务所对浦东金桥、宏盛科技上市公司2001、2002年出具的审计报告，都按规定注明了事务所的地址，但在2003年的审计报告中，却悄然将事务所的地址省略了。事后表明，立信长江会计师事务所与浦东金桥、宏盛科技上市公司在房屋租金问题上的联系影响了其审计独立性。

第二节　审计标准

审计标准是指评价审计的对象是非、优劣的规范和尺度，也称审计依据。《中国注册会计师鉴证业务基本准则》中标准是指用于评价或计量鉴证对象的基准，当涉及列报时，还包括列报的基准。标准可以是正式的规定，如编制财务报表所使用的会计准则和相关会计制度；也可以是某些非正式的规定，如单位内部制定的行为准则或确定的绩效水平。

一、审计标准的特征

审计工作是一项政策性、原则性很强的工作，审计人员在提出审计意见、做出审计结论和撰写审计报告时，必须要有明确的依据，才能令人信服。

（一）审计标准一般具备的特征

1. 层次性特征。由于审计标准制定组织的地位、权限和管辖范围等方面不尽相同，决定了审计标准具有层次性的特征。审计标准制定单位的地位越高，则审计标准的层次越高，权威性越大，适用范围越广。

2. 时效性特征。由于经济活动是不断发展变化的，作为规范经济活动的各项标准受到时间限制不可能适用于任何时期，它要随着时间的推移加以修订和变更，以适应经济活动的不断发展变化。作为经济业务规范的各项标准，也会随着科学技术水平的发展变化而发生变化。审计标准也是如此。

3. 地域性特征。由于审计人员选用审计标准还会受到空间的限制，加之各国的社会经济制度和生产力发展水平各不相同，其审计标准的内容也不尽相同。因此，审计人员在从事审计业务时不能不加分析地照搬他国审计标准。审计人员在进行判断、评价时，应当注意到地区、部门和行业的差别，要选择该地区、部门和行业有效的标准作为审计依据。

（二）适当的标准应当具备下列所有特征（基本准则）

1. 相关性：相关的标准有助于得出结论，便于预期使用者作出决策；

2. 完整性：完整的标准不应忽略业务环境中可能影响得出结论的相关因素，当涉及列报时，还包括列报的基准；

3. 可靠性：可靠的标准能够使能力相近的注册会计师在相似的业务环境中，对鉴证对象作出合理一致的评价或计量；

4. 中立性：中立的标准有助于得出无偏向的结论；

5. 可理解性：可理解的标准有助于得出清晰、易于理解、不会产生重大歧义的结论。

二、标准可以通过下列方式供预期使用者获取

标准可能是由法律法规规定的，或由政府主管部门或国家认可的专业团体依照公开、适当的程序发布的，也可能是专门制定的。

（一）公开发布；

（二）在陈述鉴证对象信息时以明确的方式表述；

(三)在鉴证报告中以明确的方式表述；

(四)常识理解，如计量时间的标准是小时或分钟。

如果确定的标准仅能为特定的预期使用者获取，或仅与特定目的相关，鉴证报告的使用也应限于这些特定的预期使用者或特定目的。

三、审计标准的种类

1.法律、法规和政策指示。法律是指国家立法机关制定并颁布的、由国家强制执行的行为规则。如《宪法》、《审计法》、《注册会计师法》等。法规是指政府颁布的条例和国务院所属各部门颁发的规范性文件，如现金管理条例，银行结算管理条例等。政策指示是由国家决策机构制定的指导经济活动的方针和指导思想。也是各级政府指定的经济政策以及有关的指示等。

2.规章制度。是指国家机关、社会团体、企事业单位制定的各种规则、章程、程序和办法的总称。主要包括两类，一类是政府主管部门和上级单位制定的，例如:会计准则、财务通则、会计制度以及各种管理办法，如发票管理办法、会计档案管理办法等。另一类，是由被审计单位自行制定的，例如:公司章程、企业守则。

3.计划、预算和经济合同。计划是为保证完成预期任务而对工作所作的部署。预算是经一定程序核准预先反映一定时期收支活动或指标的数量。经济合同是反映法人、经济组织以及公民之间所达成的(经济方面)协议。例如:企业、事业单位和行政机关编制的计划和预算。

4.业务规范、技术经济标准。业务规范主要是反映行业生产活动过程中所制定的各种依据。技术经济标准主要是反映行业生产活动过程中各技术经济指标所达到的质量要求。各种标准根据制定单位和使用范围的不同可以分为:国际标准、国家标准、部颁标准、企业标准等。例如:能源消耗定额、生产设备利用定额、原材料消耗定额、工时定额、各种产品质量标准和技术标准等。

课外阅读资料

美国萨班斯法案。美国国会出台了《2002年公众公司会计改革和投资者保护法案》。该法案由美国众议院金融服务委员会主席奥克斯利和参议院银行委员会主席萨班斯联合提出，又被称作《2002年萨班斯－奥克斯利法案》(简称萨班斯法案)。法案对美国《1933年证券法》、《1934年证券交易法》作了不少修订，在会计职业监管、公司治理、证券市场监管等方面作出了许多新的规定。《萨班斯法案》共十一章1107节。下面摘录《萨班斯法案》违法行为的处罚措施:(1)故意进行证券欺诈的犯罪最高可判处25年入狱。对犯有欺诈罪的个人和公司的罚金最高分别可达500万美元和2500万美元。(2)故意破坏或捏造文件以阻止、妨碍或影响联邦调查的行为将视为严重犯罪，将处以罚款或判处20年入狱，或予以并罚。(3)执行证券发行的会计师事务所的审计和复核工作底稿至少应保存5年。任何故意违反此项规定的行为，将予以罚款或判处20年入狱，或予以并罚。(4)公司首席执行官和财务总监必须对报送给SEC的财务报告的合法性和公允表达进行保证。违反此项规定，将处以50万美元以下的罚款，或判处入狱5年。(5)起诉证券欺诈犯罪的诉讼时效由原来从违法行为发生起3年和被发现起1年分别延长为5年和2年。(6)对检举公司财务欺诈的公司员工实施保护措施，并补偿其特别损失和律师费。

复习思考题

一、名词解释

1. 审计准则：

2. 审计标准：

3. 审阅准则：

4. 质量控制准则：

5. 审计标准时效性：

二、简答题

1. 简述我国国家审计基本准则体系的内容。

2. 如何理解审计标准的特征。

3. 审计标准一般可以分为哪几种?

4. 解释审计准则编号。

5. 区别审计准则与审计标准的不同。

三、填空题

1. 国家审计准则体系是中国审计法律规范体系的组成部分，它由__________、__________和__________三个层次组成。

2. 注册会计师执业准则体系由三个部分组成，包括__________、__________和__________。

3. 审计标准具有__________、__________和__________的特征。

4. 注册会计师鉴证业务准则包括两个层次，第二层次分为__________、__________和__________。

5. 我国内部审计准则包括__________、__________和__________三个部分。

四、判断题

1. 审计准则是审计人员实施审计工作时应遵循的行为规范，但它不是衡量审计工作质量的标准。(　)

2. 注册会计师应当尽量避免与不正直的客户打交道。(　)

3. 审计机关审计人员办理审计事项时，与被审计单位或者审计事项有直接利害关系的，可以不回避。(　)

4. 审计人员必须遵守职业道德，特别要坚持独立、客观、公正的原则。(　)

5.《宪法》、《审计法》和《审计准则》等法律法规的层次性相同。(　)

五、单项选择题

1. 在国家审计准则体系中，起统领作用的是(　)。

A. 国家审计基本准则　　B. 通用审计准则

C. 专业审计准则　　D. 审计指南

2. 基本审计准则的解释权归(　)。

A. 国务院　　B. 审计署

C. 注册会计师协会　　D. 内部审计协会

3.(　　)是依据国家审计基本准则制定的，是审计机关和审计人员进行审计应当遵循的一般具体规范。

A. 通用审计准则　　B. 会计师事务所质量控制准则

C. 专业审计准则　　D. 审计指南

4.(　　)为内部审计机构和人员进行内部审计提供的具有可操作性的指导意见。

A. 内部审计基本准则　　B. 内部审计具体准则

C. 通用审计准则　　D. 内部审计实务指南

5. 我国新颁布的《中国注册会计师执业准则》于(　　)执行。

A. 2006 年 1 月　　B. 2006 年 6 月

C. 2007 年 1 月　　D. 2007 年 6 月

六、多项选择题

1. 注册会计师执业准则体系包括(　　)。

A. 相关服务准则　　B. 注册会计师职业道德规范

C. 会计师事务所质量控制准则　　D. 鉴证业务准则

2. 国家审计基本准则由(　　)组成。

A. 总则　　B. 一般准则

C. 作业准则　　D. 报告准则

E. 审计报告处理准则

3. 注册会计师在执业过程中必须恪守的基本原则是(　　)。

A. 独立　　B. 客观

C. 公正　　D. 守法

E. 效率

4. 下面属于审计标准内容的有(　　)。

A. 企业的门卫制度　　B. 国家颁布的法律

C. 上市公司的章程　　D. 审计机关审计准则

5. 属于审计准则中特殊领域审计的审计准则有(　　)。

A. 中国注册会计师审计准则第 1611 号——商业银行财务报表审计

B. 中国注册会计师审计准则第 1633 号——电子商务对财务报表审计的影响

C. 中国注册会计师审计准则第 1313 号——分析程序

D. 中国注册会计师审计准则第 1101 号——财务报表审计的目标和一般原则

七、案例分析题

请分析下列事项中审计人员为保持独立性是否应该回避，为什么？

(1)注册会计师王俊拥有南方公司超过 5% 的股权，南方公司聘请王俊审计其 2006 年度的财务报表。

(2)南方公司聘请注册会计师王俊审计其 2006 年度的财务报表，王俊妻子的弟弟担任南方公司的独立董事。

(3)注册会计师王俊长期为南方公司代理记账和代编财务报表，南方公司聘请王俊审计其 2006 年度的财务报表。

(4) 南方公司聘请注册会计师王俊审计其 2006 年度的财务报表，王俊还为南方公司提供资产评估服务。

(5) 注册会计师王俊已经担任南方公司年度财务报表审计业务的项目经理 7 年了，2006 年南方公司仍聘请王俊审计其财务报表。

第四章　审计方法

【导读】

本章主要讲解审计技术方法，详细介绍抽样审计方法。通过学习本章内容，要求掌握并能熟练运用各种审计方法进行审计。

第一节　审查书面资料的方法

审计方法是指审计人员在审计过程中，收集审计证据采用的技术和手段的总称。审计方法随着审计环境的变化发生了一系列的变化和调整，经历了从账项基础审计到制度基础审计再到风险导向审计的演进过程。审计的技术方法是审计实施过程中以收集审计证据为核心所运用的各种常见的方法，包括审查书面资料和审查财产物资的各种方法。审查书面资料的方法主要有顺查法及逆查法、详查法及抽样法、审阅法、核对法、复算法和分析法等。分析法在第三节阐述。

一、顺查法和逆查法

顺查法是按照会计业务处理程序进行审查的一种方法。即先审阅核对原始凭证和记账凭证，而后以记账凭证核对明细账、日记账和总账，最后以总账和明细账核对会计报表和进行报表分析。这种方法因为审查工作细致、全面、完整，所以不易发生疏忽、遗漏等弊病。对于内部控制制度不够健全，账目比较混乱，存在问题较多的被审计单位，采用顺查法较为适宜。其不足是工作量大，费时费力，不利于提高审计工作效率、降低审计成本。

逆查法是按照会计业务处理的相反程序进行审查的一种方法。即从审阅、分析会计报表着手，根据发现的问题和疑点，确定审计重点，再来审查核对有关的账册和凭证，而不必对报表中所有项目逐个地进行审查的一种审计方法。这种方法可以节省审计的时间和人力，有利于提高审计工作效率和降低审计成本。但对审计工作人员的分析判断能力和实际工作经验要求较高。

二、详查法和抽样法

详查法是指对被审计单位一定时期内的全部会计资料（包括凭证、账簿和报表）进行详细的审核检查，以判断、评价被审计单位经济活动的合法性、财务状况和经营成果的真实性的一种审计方法。这种审计方法容易查出问题，审计风险较小，审计结果比较正确，但工作量较大，审计成本较高。

抽样法是指从被计审单位一定时期内的会计资料（包括凭证、账簿和报表）中按照一定的方法抽取其中的一部分进行审查，借以推断总体有无错误和舞弊的一种方法。这种方法可以减少审计的工作量，降低审计成本，但要求审计人员必须掌握抽样理论并能够科学运用，而且审计风险也比详查法高(详见第四节)。

三、审阅法

审阅法是指通过阅读会计资料及其他有关资料，查明这些资料及其所反映的经济业务的真实性、正确性、合法性、合规性的一种技术方法。

审阅法可理解检查记录和文件、检查有形资产。检查记录或文件是指注册会计师对被审计单位内部或外部生成的，以纸质、电子或其他介质形式存在的记录或文件进行审查。检查有形资产是指注册会计师对资产实物进行审查。

四、核对法

核对法是指将两种或两种以上相关的资料相互对照，以验证其内容是否相符合的一种技术方法。核对的主要内容是会计资料，原始凭证与记账凭证核对；会计凭证与明细账或总账核对；明细账与总账核对；会计账簿与会计报表核对等。

五、复算法

复算法是指对会计及其他资料中有关数量、金额进行核对和验算，以查明有关数字是否相符合的一种技术方法。通常包括计算销售发票和存货的总金额，加总日记账和明细账，检查折旧费用和预付费用的计算，检查应纳税额的计算等。在验算时，审计人员应在保证计算原理正确的条件下采用与被审计单位不同的计算步骤和计算形式。审计人员可采用人工方式或借助计算机辅助审计技术。

第二节　审查财产物资的方法

审查财产物资的方法，也称证实客观事物的方法，主要有盘点法、观察法、鉴定法、询问法、函证法和调节法。

一、盘点法

盘点法也称为盘存法，是指对被审计单位的库存现金及其他财产物资进行实物清点，以确定其是否存在的一种技术方法。

盘点法分为监督盘点法和直接盘点法两种，监督盘点法是指审计人员不亲自进行盘点，而是由被审计单位的有关人员进行盘点，审计人员只是进行观察监督的一种方法。如有必要，审计人员可以部分地进行盘点。直接盘点法是指审计人员亲自盘点，以确定其实有数的一种方法。盘点方法适用于库存现金、存货等。

《中国注册会计师审计准则第 1311 号——存货监盘》中的存货监盘是指注册会计师现场观察被审计单位存货的盘点，并对已盘点的存货进行适当检查。

实施存货监盘，获取有关期末存货数量和状况的充分、适当的审计证据是注册会计师的责任。

1. 存货监盘计划主要内容：

(1)存货监盘的目标、范围及时间安排;
(2)存货监盘的要点及关注事项;
(3)参加存货监盘人员的分工;
(4)检查存货的范围。
2. 编制存货监盘计划实施的程序:
(1)了解存货的内容、性质、各存货项目的重要程度及存放场所;
(2)了解与存货相关的内部控制;
(3)评估与存货相关的重大错报风险和重要性;
(4)查阅以前年度的存货监盘工作底稿;
(5)考虑实地察看存货的存放场所,特别是金额较大或性质特殊的存货;
(6)考虑是否需要利用专家的工作或其他注册会计师的工作;
(7)复核或与管理层讨论其存货盘点计划。
3. 编制存货盘点计划考虑的因素:
(1)盘点的时间安排;
(2)存货盘点范围和场所的确定;
(3)盘点人员的分工及胜任能力;
(4)盘点前的会议及任务布置;
(5)存货的整理和排列,对毁损、陈旧、过时、残次及所有权不属于被审计单位的存货的区分;
(6)存货的计量工具和计量方法;
(7)在产品完工程度的确定方法;
(8)存放在外单位的存货的盘点安排;
(9)存货收发截止的控制;
(10)盘点期间存货移动的控制;
(11)盘点表单的设计、使用与控制;
(12)盘点结果的汇总以及盘盈或盘亏的分析、调查与处理。

[**案例 4-1**]

2006 年 12 月 20 日下午 6 点,审计人员张红参加了市机电单位库存现金的盘点,库存现金日记账余额为 2001 元,实际库存情况如下:1. 库存现金实有数,100 元 10 张;50 元 5 张;10 元 80 张;5 元 20 张;1 元 10 张;5 角 10 张;2 角 20 张;1 角 20 张。
2. 12 月 19 日,企业销售产品,收到现金 2000 元,未入账。
3. 12 月 18 日,企业财务处章工借款 500 元,款已付,未入账,没有批准。
4. 12 月 17 日,企业总务处赵辉借款出差 1000 元,经批准,款已付,未入账。
5. 银行核定库存现金限额 1200 元。
要求:
(1)编制一张现金盘点表并填写现金盘点结果。
(2)指出被审计单位现金管理中存在的问题。
案例分析过程:

（1）将盘点结果填入现金盘点情况表内，表4－1。

（2）存在的主要问题：

①库存现金盘亏330元，因无确凿证据，原因不详，待查明。

②有三笔未入账事项，说明出纳工作没有到位。

③有一笔未经批准的借款（白条顶库），应追回。

④财务处存放的现金是2171元，而银行规定的限额是1200元，超过部分应送存银行。

表4－1　现金盘点情况表

项目	金额	备注
一、库存现金账面余额	2001	
二、加项：已收款未入账	2000	
三、减项：已付款未入账	1500	
库存现金应存数	2501	
库存现金实存数	2171	
溢缺数	－330	
溢缺原因		

出纳：于广　　会计主管：刘方　　审计人员：张红

二、观察法

观察法是指审计人员亲临现场，对审计事项进行察看，以便了解一些事项的真实情况的一种技术方法。它是注册会计师获取审计证据的程序。观察也表达为注册会计师察看相关人员正在从事的活动或执行的程序。观察提供的审计证据仅限于观察发生的时点，并且在相关人员已知被观察时，相关人员从事活动或执行程序可能与日常的做法不同，从而影响注册会计师对真实情况的了解。

三、鉴定法

鉴定法是指运用专业技术或专业人员（专家）对审计事项进行辨认和识别的一种技术方法。如对发票的真假的鉴定、商品质量的鉴定、工程质量的鉴定等。

四、询问法

询问法是指审计人员以书面或口头方式，向被审计单位内部或外部的知情人员获取财务信息和非财务信息，并对答复进行评价的过程的一种技术方法。

知情人员对询问的答复可能为审计人员提供尚未获悉的信息或佐证证据，也可能提供与已获悉信息存在重大差异的信息。审计人员应当根据询问结果考虑修改审计程序或实施追加的审计程序。询问本身不足以发现认定层次存在的重大错报，也不足以测试内部控制运行的有效性。

五、函证法

函证法是指审计人员发函到与被审计单位有关的单位或人员核对审计事项，以取得证明的一种技术方法。函证也是注册会计师获取审计证据的程序。函证也表达为注册会计师为了获取影响财务报表或相关披露认定的项目的信息，通过直接来自第三方对有关信息和现存状况的声明，获取和评价审计证据的过程。

函证的内容主要有:短期投资;应收票据;其他应收款;预付账款;由其他单位代为保管、加工或销售的存货;长期投资;委托贷款;应付账款; 预收账款等。

在设计询证函时，注册会计师应当考虑所审计的认定以及可能影响函证可靠性的因素。函证种类:有积极和消极的函证方式。如果采用积极的函证方式，注册会计师应当要求被询证者在所有情况下必须回函，确认询证函所列示信息是否正确，或填列询证函要求的信息。如果采用消极的函证方式，注册会计师只要求被询证者仅在不同意询证函列示信息的情况下才予以回函。

六、调节法

调节法是指审计人员在某一时点上发现不相符的审计事项，需要对某些因素进行增减调整，以查验是否有错误的一种技术方法。它包括重新计算和重新执行两种。重新计算和重新执行也是注册会计师获取审计证据的程序。重新计算是指注册会计师以人工方式或使用计算机辅助审计技术，对记录或文件中的数据计算准确性进行核对。重新执行是指注册会计师以人工方式或使用计算机辅助审计技术，重新独立执行作为被审计单位内部控制组成部分的程序或控制。

审计人员对被审计单位进行盘点后，与账面数不相一致时，可采用调节法先进行调节，排除因时间上的原因造成的不相符。调节公式如下：

被查日存量 = 盘点日存量 + 被查日至盘点日发出量 - 被查日至盘点日收入量

[**案例** 4－2]

审计人员对红日公司进行审计，于 2007 年 4 月 2 日对 A 材料进行盘点，实际存量为 2000 公斤，而检查账面资料 2006 年 12 月 31 日，A 材料结存量为 1500 公斤。2007 年 4 月 2 日至 2006 年 12 月 31 日期间，入库存量为 5000 公斤、出库存量为 4000 公斤。

要求:证实被审计单位被查日存量是否为 1500 公斤?

案例计算过程:

(1)被查日存量 =2000 +4000 -5000 =1000(公斤)

(2)被审计单位原账面结存量 =1500(公斤)

通过计算得知，A 材料盘亏 1500 - 1000 =500(公斤)，要进一步进行审查。

第三节 审计的分析方法

审计分析方法是指审计人员通过对审计事项相关指标进行的对比、分析和评价，以便发现是否存在异常情况的一种技术方法。审计分析法主要包括比较分析法、比率分析法、趋势分析法和回归分析法等。

一、比较分析法

比较分析法是指通过相同事项的两个不同时期或同一时期同一事项不同单位或部门进行比较，提示其差异的一种技术方法。比较分析法可分为绝对数比较分析法和相对数比较分析法。

1. 绝对数比较分析法：是指直接以相关指标的绝对数进行比较，揭示其差异，查明差异原因的一种方法。

2. 相对数比较分析法：是指对有关同类指标的相对数进行比较，分析其增减变动的原因的一种方法。

二、比率分析法

比率分析法是指通过对两个性质不同，但又相关的指标所构成的比率关系进行分析，从中发现异常情况的一种方法。民间审计运用审计分析法，主要是通过计算同一报表内部或不同报表间的相关项目之间的比率，来反映数据之间的关系，用以评价被审计单位的财务信息。例如，应收账款周转率反映赊销销售收入与应收账款平均余额之间的比率，这一比率变小可能说明应收账款回收速度放慢，需要计提更多的坏账准备，也可能说明本期赊销销售收入与期末应收账款余额存在错报。

当财务报表项目之间的关系稳定并可直接预测时，比率分析法最为适用。

比率分析所涉及的内容通常可以分为五个方面：流动性比率、资产管理比率、负债比率、盈利能力比率和生产能力比率。

1. 流动性比率

流动比率＝流动资产÷流动负债

速动比率＝（流动资产－存货）÷流动负债

现金比率＝现金÷流动负债

2. 资产管理比率

存货周转率＝主营业务成本÷存货平均余额×100%

应收账款周转率＝主营业务收入净额÷应收账款平均余额×100%

3. 负债比率

资产负债率＝负债总额÷资产总额×100%

负债权益比率＝{负债总额÷所有者（股东）权益总额}×100%

长期负债与权益比率＝长期负债÷所有者（股东）权益总额×100%

4. 盈利能力比率

销售毛利率＝{（销售收入－销售成本）÷销售收入}×100%

主营业务利润率＝主营业务利润÷主营业务收入净额×100%

5. 生产能力比率

原材料成本占收入比例＝销售成本中的原材料成本÷相应的销售收入×100%

人工成本占收入比例＝销售成本中的人工成本÷相应的销售收入×100%

营业费用和管理费用占收入比例 =(营业费用 + 管理费用) ÷ 销售收入 ×100%

三、趋势分析法

趋势分析法主要是通过对比两期或连续数期的财务或非财务数据，确定其增减变动的方向、数额或幅度，以掌握有关数据的变动趋势或发现异常的变动。用于趋势分析的数据既可以是绝对值，也可以是以比率表示的相对值。

趋势分析的运用形式主要包括:(1)若干期资产负债表项目的变动趋势分析;(2)若干期利润表项目的变动趋势分析;(3)若干期资产负债表或利润表项目结构比例的变动趋势分析;(4)若干期财务比率的变动趋势分析;(5)特定项目若干期数据的变动趋势分析。

四、回归分析法

回归分析法是在掌握大量观察数据的基础上，利用统计方法建立因变量与自变量之间回归关系的函数表达式(即回归方程式)，并利用回归方程式进行分析。

回归分析法理论上能考虑所有因素的影响，能以计量的风险和准确性水平量化的预期值,预测精度较高，适用于中、短期预测。但要耗费大量时间，审计成本较高。

五、分析程序

分析程序是指注册会计师通过研究不同财务数据之间以及财务数据与非财务数据之间的内在关系，对财务信息作出评价。

第四节 审计的抽样方法

一 、审计抽样的概念和种类

(一)审计抽样的概念

审计抽样是指审计人员在实施审计程序时，从审计对象总体中选取一定数量的样本进行测试，并根据测试的结果，推断出审计对象总体特征的一种方法。《中国注册会计师审计准则第 1314 号——审计抽样和其他选取测试项目的方法》中审计抽样是注册会计师对某类交易或账户余额中低于百分之百的项目实施审计程序，使所有抽样单元都有被选取的机会。审计抽样使审计人员能够获取和评价与被选取项目的某些特征有关的审计证据，以形成或帮助形成对从中抽取样本的总体结论。

审计抽样不同于详细审计，详细审计是指对审计对象中的全部项目进行审计，并根据审计结果形成审计意见。审计抽样的基本目的是在有限的资源下，收集充分、适当的证据，以形成和支持审计结论。

(二)审计抽样的种类

根据审计决策的依据不同，将审计抽样划分为统计抽样和非统计抽样;按审计抽样所了解的总体特征不同，将审计抽样划分为属性抽样和变量抽样。

1. 统计抽样和非统计抽样

统计抽样是以概率论和数理统计为理论基础，将数理统计的方法与审计工作相结合而形成的一种审计方法。统计抽样必须同时具备下列特征：(1)随机选取样本；(2)运用概率论评价样本结果，包括计量抽样风险。不同时具备上述两个特征的抽样方法为非统计抽样。即使严格按照随机原则选取样本，如果没有对样本结果进行统计评估，就不能认为使用了统计抽样。

现代审计采用统计抽样的合理性在于：一是以概率论和数理统计为基础，可以通过样本显示总体性质近似的现象，即可以通过抽取的样本推断总体。二是有健全的内部控制制度。健全的内部控制制度可以大大降低错误和舞弊发生的可能性，即使发生也容易迅速发现。所以运用抽样方法必须以健全的内部控制制度为前提。三是可以节约审计资源，现代企业机构庞大，业务频繁，详细审计既花费大量的时间和精力，还要开支大量的审计费用。

在审计中运用统计抽样的意义在于：(1)统计抽样能够科学地确定抽样规模；(2)总体各项目被抽中的机会是均等的，这可防止主观臆断；(3)统计抽样可以计算抽样误差在预定范围内的概率有多大，并把这种误差控制在给定的范围内；(4)统计抽样便于促使审计工作规范化。

非统计抽样是审计人员依靠专业经验和主观判断，选取样本的一种方法。由于审计人员在非统计抽样中依靠个人经验和主观判断来确定样本规模和评价样本结果，因此很可能不知不觉中在某个领域选用了过多的样本，而在另一个领域选用了过少的样本。由于审计证据的充分性取决于样本规模，由此造成审计证据的数量超出或低于为发表审计意见提供合理基础实际所需的数量。但是只要设计得当，也可达到同统计抽样审计一样的效果。

无论统计抽样还是非统计抽样都离不开审计人员的专业判断。审计人员在进行抽样时，必须依靠专业判断去决定使用统计抽样还是非统计抽样。而在统计抽样全过程均须运用专业判断。

2. 属性抽样和变量抽样

属性抽样是根据控制测试的目的和特点所采用的审计抽样，是在精确度界限和可靠程度一定的条件下，为测定总体特征的发生频率而采用的一种方法。

变量抽样是根据实质性测试的目的和特点所采用的审计抽样，是用来估计总体金额而采用的一种方法。

二、抽样风险和非抽样风险

1. 抽样风险。抽样风险是指审计人员根据样本得出的结论，与对总体全部项目实施与样本同样的审计程序得出的结论存在差异的可能性。例如，实施控制测试时，审计人员在100个样本项目中发现2个偏差，并由此认为控制运行有效。但实际上，该总体的实际偏差率为8%，审计人员本该作出控制未有效运行的结论。审计人员错误地接受总体，是因为样本特征与总体实际特征不一致。只要审计人员没有对总体中的全部项目实施审计程序，抽样风险就可能产生。

抽样风险与样本量成反比例，样本量越大，抽样风险越小。如果样本量扩大到总体数，那么抽样风险为零。审计人员可以通过扩大样本规模降低抽样风险。控制抽样风险的惟一途径就是控制样本规模。

实施控制测试时，要关注的两类抽样风险是信赖过度风险和信赖不足风险。信赖过度风险是指推断的控制有效性高于其实际有效性的风险。信赖过度风险与审计的效果有关。如果审计人员评估的控制有效性高于其实际有效性，从而导致评估的重大错报风险水平偏低，审计人员可能不适当地减少从实质性程序中获取的证据，因此审计的有效性下降。信赖过度风险更容易导致审计人员发表不恰当的审计意见，因而更应予以关注。相反，信赖不足风险是指推断的控制有效性低于其实际有效性的风险。信赖不足风险与审计的效率有关。当审计人员评估的控制有效性低于其实际有效性时，评估的重大错报风险水平偏高。为了弥补审计人员根据评估的控制有效性而对重大错报风险评估的高水平，审计人员可能会增加不必要的实质性程序。在这种情况下，审计效率可能降低。

在实施细节测试时，审计人员也要关注两类抽样风险：误受风险和误拒风险。误受风险是指审计人员推断某一重大错报不存在而实际上存在的风险。如果账面金额实际上存在重大错报而审计人员认为其没有存在重大错报，通常会停止对该账面金额继续进行测试，并根据样本结果得出账面金额无重大错报的结论。与信赖过度风险类似，误受风险影响审计效果，容易导致审计人员发表不恰当的审计意见，因此审计人员更应予以关注。误拒风险是指审计人员推断某一重大错报存在而实际上不存在的风险。与信赖不足风险类似，误拒风险影响审计效率。如果账面金额不存在重大错报而审计人员认为其存在重大错报，会扩大细节测试的范围并考虑获取其他审计证据，最终审计人员会得出恰当的结论。在这种情况下，审计效率可能降低。抽样风险对审计工作的影响如表 4－2 所示。

表 4－2　抽样风险对审计工作的影响

审计测试	抽样风险类型	对审计工作的影响
控制测试	信赖过度风险	效果
	信赖不足风险	效率
实质性测试	误受风险	效果
	误拒风险	效率

2. 非抽样风险。非抽样风险是指由于某些与样本规模无关的因素而导致审计人员得出错误结论的可能性。审计人员即使对某类交易或账户余额的所有项目实施某种审计程序，也可能仍未能发现重大错报或控制失效。非抽样风险是由人为错误造成的，因而可以降低、消除或防范。虽然在任何一种抽样方法中审计人员都不能量化非抽样风险，但通过采取适当的质量控制政策和程序，对审计工作进行适当的指导、监督与复核，以及对审计人员实务的适当改进，可以将非抽样风险降至可以接受的水平。审计人员也可以通过仔细设计审计程序尽量降低非抽样风险。

在审计过程中，可能导致非抽样风险的原因包括下列情况：(1)审计人员选择的总体不适合于测试目标。(2)审计人员未能适当地定义控制偏差或错报，导致审计人员未能发现样本中存在的偏差或错报。(3)审计人员选择了不适于实现特定目标的审计程序。(4)审计人员未能适当地评价审计发现的情况。(5)其他原因。

三、样本的相关概念及其设计

样本的设计指审计人员围绕样本的性质、样本量、抽样组织方式、抽样工作的质量所进行的计划工作。在抽样时，应考虑以下因素：

(一)审计对象总体、抽样单元和样本

1. 审计对象总体。它是指注册会计师从中选取样本并据此得出结论的全部项目。总体可分为多个层或子总体。每一层或子总体可予以分别检查。

总体应具备下列两个特征：

(1)适当性。确定总体适合于特定的审计目标，包括适合于测试的方向。

(2)完整性。应当从总体项目内容和涉及时间等方面确定总体的完整性。

2. 抽样单元。它是指构成总体的个体项目。

3. 样本。它是从审计对象总体中选取的抽样单位构成的子系统。

(二)分层

分层是指将一个总体划分为多个子总体的过程，每个子总体由一组具有相同特征(通常为货币金额)的抽样单元组成。如果总体项目存在重大的变异性，应当考虑分层。分层可以降低每一层中项目的变异性，从而在抽样风险没有成比例增加的前提下减小样本规模。审计人员应当仔细界定子总体，以使每一抽样单元只能属于一个层。

[案例 4－3]

对被审计单位的财务报表进行审计时，为了函证应收账款，可以将应收账款账户按其金额大小分为三层，即账户金额在 10 000 元以上的，账户金额为 5 000 元～10 000 元的，账户金额在 5 000 元以下的。然后，根据各层的重要性分别采取不同的选样方法。对于金额在 10 000 元以上的应收账款账户，应进行全部函证；对于金额在 5 000 元～10 000 元以及 5 000 元以下的应收账款账户，则可采用适当的选样方法选取进行函证的样本。

(三)选取样本的基本方法

包括使用随机数表或计算机辅助审计技术选样、系统选样和随意选样。

1. 使用随机数表或计算机辅助审计技术选样

使用随机数表或计算机辅助审计技术选样又称随机数选样。使用随机数选样需以总体中的每一项目都有不同的编号为前提。可以使用计算机生成的随机数，如电子表格程序、随机数码生成程序、通用审计软件程序等计算机程序产生的随机数，也可以使用随机数表获得所需的随机数。

随机数表也称乱数表，它是由随机生成的从 0 到 9 共 10 个数字所组成的数表，每个数字在表中出现的次数是大致相同的，它们出现在表上的顺序是随机的。应用随机数表选样的步骤如下：

(1)对总体项目进行编号，建立总体中的项目与表中数字的一一对应关系。一般情况下，编号可利用总体项目中原有的某些编号，如凭证号、支票号、发票号等等。在没有事先编号的情况下，按一定的方法进行编号。如由 40 页、每页 50 行组成的应收账款明细表，可采用四位数字编号，前两位由 01 到 40 的整数组成，表示该记录在明细表中的页数，后两位数字由 01

到 50 的整数组成，表示该记录的行次。这样，编号 0534 表示第 5 页第 34 行的记录。所需使用的随机数的位数一般由总体项目数或编号位数决定。

(2)确定连续选取随机数的方法。即从随机数表中选择一个随机起点和一个选号路线，随机起点和选号路线可以任意选择，但一经选定就不得改变。从随机数表中任选一行或任何一栏开始，按照一定的方向(上下左右均可)依次查找，符合总体项目编号要求的数字，即为选中的号码，与此号码相对应的总体项目即为选取的样本项目，一直到选足所需的样本量为止。例如，从前述应收账款明细表的 2 000 个记录中选择 10 个样本，总体编号规则如前所述，即前两位数字不能超过 40，后两位数字不能超过 50。从表第一行第一列开始，使用前四位随机数，逐行向右查找，则选中的样本为编号 3204、0741、0903、0941、3815、2216、0141、3723、0550、3748 的 10 个记录。

随机数表如表 4－3 所示。

表 4－3　　随机数表

	1	2	3	4	5	6	7	8	9	10
1	32044	69037	29655	92114	81034	40582	01584	77184	85762	46505
2	23821	96070	82592	81642	08971	07411	09037	81530	56195	98425
3	82383	94987	66441	28677	95961	78346	37916	09416	42438	48432
4	68310	21792	71635	86089	38157	95602	96718	79554	50209	17705
5	94856	76940	22165	01414	01413	37231	05509	37489	56459	52983
6	95000	61958	83430	98250	70030	05436	74814	45978	09277	13827
7	20764	64638	11359	32556	89822	02713	81293	52970	25080	33555
8	71401	17964	50940	95753	34905	93566	36318	79530	51105	26952
9	38464	75707	16750	61371	01523	69205	32122	03436	14489	02086
10	59442	59247	74955	82835	98378	83513	47870	20794	01352	89906

2. 系统选样

系统选样也称等距选样，是指按照相同的间隔从审计对象总体中等距离地选取样本的一种选样方法。采用系统选样法，首先要计算选样间距，确定选样起点，然后再根据间距顺序地选取样本。选样间距的计算公式如下：

选样间距 = 总体规模 ÷ 样本规模

例如，如果销售发票的总体范围是 652 ~ 3 151，设定的样本量是 125，那么选样间距为 20{(3152－652) ÷ 125}。审计人员必须从 0 到 19 中选取一个随机数作为抽样起点。如果随机选择的数码是 9，那么第一个样本项目是发票号码为 661(652 + 9)的那一张，其余的 124 个项目是 681(661 + 20)，701(681 + 20)……依此类推直至第 3141 号。

系统选样方法的主要优点是使用方便，比其他选样方法节省时间，并可用于无限总体。使用这种方法时，对总体中的项目不需要编号，只要简单数出每一个间距即可。但是，使用系统选样方法要求总体必须是随机排列的，否则容易发生较大的偏差，造成非随机的、不具代表性的样本。如果测试项目的特征在总体内的分布具有某种规律性，则选择的样本的代表性就可能较差。例如，应收账款明细表每页的记录均以账龄的长短按先后次序排列，则选中的200个样本可能多数是账龄相同的记录。

3. 随意选样

随意选样也叫任意选样，是不带任何偏见地选取样本，即不考虑样本项目的性质、大小、外观、位置或其他特征而选取总体项目。这种方法难以彻底排除审计人员个人偏好对选取样本的影响，因而很可能使样本失去代表性。

在实务中还有另外两种选取样本项目的方法：整群选样和判断选样。

(1)整群选样是指将总体划分为若干群，然后以群为抽样单元，从总体中抽取一部分群，对所选群中的所有基本单元进行审查的一种选样方法。例如，将全年的支出凭证按星期划分为52个组，从中选出第1、18、22、32、52个星期的支出凭证组成样本。在整群抽样中，如果群是随机选取的，则样本具有代表性，但所要求的有效样本往往会大得不切实际。在大部分情况下，群中的项目彼此具有相同的特征，但与总体中其他群的项目具有不同的特征。

(2)判断选样是指审计人员对被审计对象的了解，运用职业经验对容易出现错误的样本做出判断，并以此为标准选取样本。这一方法带有故意偏见，判断选出的项目对总体来说并不具有代表性，因而对选出项目的结论不应推广到总体。

(四)样本规模

样本规模是指从总体中选取样本项目的数量。

在确定样本规模时，应当考虑能否将抽样风险降至可接受的低水平。在审计抽样中，如果样本规模过小，就不能反映出总体的特征，审计人员无法获取充分的审计证据，其审计结论的可靠性就会大打折扣，甚至可能得出错误的审计结论；相反，如果样本规模过大，则会增加审计工作量，造成不必要的时间和人力的浪费，降低审计效率，失去审计抽样的意义。确定样本规模受到多种因素的影响，且在控制测试和细节测试中有所不同。

1. 可接受的抽样风险

样本规模受审计人员可接受的抽样风险水平的影响，可接受的风险水平越低，需要的样本规模越大。

在控制测试中，主要关注抽样风险中的信赖过度风险。可接受的信赖过度风险与样本规模成反比。审计人员愿意接受的信赖过度风险越低，样本规模通常越大。审计人员愿意接受的信赖过度风险越高，样本规模越小。控制测试中选取的样本旨在提供关于控制运行有效性的证据。由于控制测试是控制是否有效运行的主要证据来源，因此，可接受的信赖过度风险应确定在相对较低的水平上。通常，相对较低的水平在数量上是指5%～10%的信赖过度风险。在实务中，一般的测试是将信赖过度风险确定为10%。

在细节测试中，主要关注抽样风险中的误受风险。在细节测试中，误受风险就是测试中的检查风险。根据审计风险模型，审计人员应恰当地评估重大错报风险，并确定检查风险，以将某类交易或账户余额的审计风险控制在适当的水平。因而，在确定可接受的误受风险水平时，需要考虑下列因素：(1)审计人员愿意接受的审计风险水平；(2)评估的重大错报风险水平；(3)针对同一审计目标(财务报表认定)的其他实质性程序的检查风险，包括分析程序。

对于特定的账户余额或某类交易，审计风险是指与该余额或交易有关的认定中存在大于可容忍错报的金额错报，而审计人员审计后没有发现的风险。审计人员应在考虑财务报表重大错报风险、降低风险所需的成本、潜在错报对使用和理解财务报表的影响等因素的基础上，运用职业判断，确定特定账户余额或交易类型及相关认定的可接受审计风险水平。在实务中，相对较低的审计风险水平是指 5% ~10%。

对特定的余额或交易而言，控制测试的结果会对审计人员评估的重大错报风险水平产生影响，进而影响到细节测试中的误受风险，并进一步影响细节测试中的样本规模，即影响细节测试的范围。如果审计人员认为内部控制有效，评估的重大错报风险水平较低，在控制测试中就需要更大的样本规模。如果控制测试的结果证明控制确实有效，评估的重大错报风险仍可以保持较低水平。这就使审计人员可以提高可接受的误受风险（通过运用审计风险模型），从而能在相关的细节测试中选用较少的样本。控制测试对细节测试样本规模的影响如表 4 –4 所示。

表 4 –4　　控制测试对细节测试样本规模的影响

控制测试的结果	重大错报风险评估水平	可接受的误受风险	细节测试的样本规模
内部控制有效性较高	较低	较高	较小
内部控制有效性较低	较高	较低	较大

总之，评估的重大错报风险水平连同对实质性程序的依赖，应能为其审计意见提供合理的基础。审计人员评估的控制有效性越高，评估的重大错报风险水平越低，对指向同一审计目标的其他实质性程序的依赖程度越高，拟实施的实质性细节测试的可接受误受风险就越高，因此该实质性细节测试所需的样本规模就越小。

2. 可容忍误差

可容忍误差是指审计人员能够容忍的最大误差。在其他因素既定的条件下，可容忍误差越大，所需的样本规模越小。

在控制测试中，可容忍误差是指可容忍偏差率。可容忍偏差率是指审计人员在不改变其计划评估的控制有效性，从而不改变其计划评估的重大错报风险水平的前提下，愿意接受的对于设定控制的最大偏差率。计划评估的控制有效性越低，审计人员确定的可容忍偏差率通常越高，所需的样本规模就越小。一个很高的可容忍偏差率通常意味着，控制的运行不会大大降低相关实质性测试的程度。在这种情况下，由于审计人员预期控制运行的有效性很低，特定的控制测试可能不需进行。反之，如果审计人员在评估认定层次重大错报风险时预期控制的运行是有效的，必须实施控制测试。换言之，审计人员在风险评估时越依赖控制运行的有效性，确定的可容忍偏差率越低，进行控制测试的范围越大，因而样本规模增加。

在民间审计的实务中，注册会计师通常认为，当偏差率为 3% ~7% 时，控制有效性的估计水平较高；可容忍偏差率最高为 20%，偏差率超过 20% 时，由于估计控制运行无效，注册会计师不需进行控制测试。当估计控制运行有效时，如果注册会计师确定的可容忍偏差率较高就被认为不恰当。可容忍偏差率和计划评估的控制有效性之间的关系如表 4 –5 所示。

表4－5　　可容忍偏差率和计划评估的控制有效性之间的关系

计划评估的控制有效性	可容忍偏差率（近似值%）
高	3～7
中	6～12
低	11～20
最低	不进行控制测试

在细节测试中，可容忍误差是指可容忍错报。可容忍错报是指在不导致财务报表存在重大错报的情况下，审计人员对各类交易、账户余额、列报确定的可接受的最大错报金额。可容忍错报的确定是以审计人员对财务报表层次重要性水平的初步评估为基础。某账户的可容忍错报实际上就是该账户的重要性水平。它是该账户的错报与其他账户的错报汇总起来不会引起财务报表整体重大错报的最大金额。对特定的账户而言，当抽样风险一定时，如果审计人员确定的可容忍错报降低，所需的样本规模就增加。

在民间审计的实务中，注册会计师通常需要对其所确定的各类交易、账户余额、列报认定层次的可容忍错报加以调整，才能得出进行审计抽样的账户的可容忍错报。可容忍错报计算如下：

可容忍错报＝计划的可容忍错报－未更正的已知错报－可能的错报

[**案例**4－4]

应收账款年末余额为2 000万元，共有250个明细账户。注册会计师对应收账款账户确定的重要性水平为20万元。注册会计师首先挑出5个金额在10万以上的明细账账户进行单独测试，发现5万元的错报。然后将其余245个明细账账户分为两部分。一部分由45个金额在1万元以下的账户组成，注册会计师仅对其使用分析程序，发现有1万元的差异无法得到合理解释且不能取得佐证。另一部分就是剩余的200个明细账账户，注册会计师对其使用审计抽样。如果百分之百测试的5个账户中发现的5万元错报没有得到更正，对抽样总体确定的可容忍错报就是20万元－5万元－1万元＝14万元。

3. 预计总体误差

预计总体误差即预期在审计过程中发现的误差。

在控制测试中，预计总体误差是指预计总体偏差率。在细节测试中，预计总体误差是指预计总体错报额。预计总体误差越大，可容忍误差也应当越大。

在实施控制测试时，审计人员通常根据对相关控制的设计和执行情况的了解，或根据从总体中抽取少量项目进行检查的结果，对拟测试总体的预计误差率进行评估。审计人员可以根据上年测试结果和控制环境等因素对预计总体偏差率进行估计。考虑上年测试结果时，应考虑被审计单位内部控制制度和人员的变化。

在民间审计的实务中，如果以前年度的审计结果无法取得或认为不可靠，注册会计师可以在抽样总体中选取一个较小的初始样本，以初始样本的偏差率作为预计总体偏差率的估计值。如果预计总体偏差率很高，意味着控制有效性很低，这时注册会计师应考虑不进行控制测试，而实施更多的实质性程序。

在实施细节测试时，通常对总体的预计误差额进行评估。审计人员在运用职业判断确定预计总体错报时，应当考虑被审计单位的经营状况、以前年度对账户余额或交易类型进行测试的结果、初始样本的结果、相关实质性程序的结果以及相关控制测试的结果等因素。

4. 总体变异性

总体变异性是指总体的某一特征（如金额）在各项目之间的差异程度。

在控制测试中，审计人员在确定样本规模时一般不考虑总体变异性。

在细节测试中审计人员确定适当的样本规模时要考虑特征的变异性。总体项目的变异性越低，通常样本规模越小。

5. 总体规模

除非总体非常小，一般而言总体规模对样本规模的影响几乎为零。通常将抽样单元超过5 000个的总体视为大规模总体。对大规模总体而言，总体的实际容量对样本规模几乎没有影响。对小规模总体而言，审计抽样比其他选择测试项目的方法的效率低。

审计抽样中影响样本规模的因素，及这些影响因素在控制测试和细节测试中的表现形式如表4－6所示。

表4－6　样本规模、控制测试和细节测试之间的影响

影响因素	控制测试	细节测试	与样本规模的关系
可接受的抽样风险	可接受的信赖过度风险	可接受的误受风险	反方向变化
可容忍误差	可容忍偏差率	可容忍错报	反方向变化
预计总体误差	预计总体偏差率	预计总体错报	同方向变化
总体变异性	——	总体变异性	同方向变化
总体规模	总体规模	总体规模	影响很小

四、抽样结果的评价

（一）分析样本误差

即根据预先确定的误差确认条件，确定某一有问题的项目是否构成一项误差。

按照既定的审计程序无法对样本取得审计证据时，应当实施替代审计程序。如果审计人员无法或没有执行替代审计程序，则应将该项目视为一项误差。

如果样本误差项目具有共同的特征，审计人员应当考虑识别出总体中具有共同特征的全部项目，并将审计程序延伸至所有这些项目。

如果将某一误差视为异常误差，审计人员应当实施追加的审计程序，以高度确信该误差对总体误差不具有代表性。异常误差是指由某一孤立事件引起的误差，该事件只有在特定条件下才会重复发生，因而异常误差对总体误差不具有代表性。

（二）推断总体误差

审计人员应当根据抽样中发现的误差和抽样方法采用适当的方法，推断总体误差。当总体划分为几个层次时，应先对每一个层次做个别推断然后将推断结果加以汇总。在根据样本误差推断总体时，如果将某一误差确定为异常误差，审计人员可以将其排除在外。如果异常误差未得到更正，审计人员除需推断非异常误差外，还需考虑异常误差的影响。

(三)形成审计结论

审计人员应当评价样本结果，以确定对总体相关特征的评估是否得到证实或需要修正。

1. 控制测试

(1)统计抽样 。在统计抽样中，审计人员通常使用表格或计算机程序计算抽样风险。经量化的抽样风险被称为抽样风险允许限度，它代表抽样风险对样本评价结果的影响，用来对推断的总体误差进行调整。在控制测试中，抽样风险允许限度用百分数表示。用以评价抽样结果的大多数计算机程序都能根据样本规模、样本结果，计算在审计人员确定的信赖过度风险条件下可能发生的偏差率上限的估计值。该偏差率上限的估计值即总体偏差率与抽样风险允许限度之和。

如果估计的总体偏差率上限低于可容忍偏差率，则总体可以接受。这时审计人员对总体作出结论，样本结果支持计划评估的控制有效性，从而支持计划的重大错报风险评估水平。

如果估计的总体偏差率上限大于或等于可容忍偏差率，则总体不能接受。这时审计人员对总体作出结论，样本结果不支持计划评估的控制有效性，从而不支持计划的重大错报风险评估水平。审计人员应当修正重大错报风险评估水平，并增加实质性程序的数量。审计人员也可以对影响重大错报风险评估水平的其他控制进行测试，以支持计划的重大错报风险评估水平。

(2)非统计抽样

在非统计抽样中，抽样风险无法直接计量。注册会计师通常将样本偏差率(即估计的总体偏差率)与可容忍偏差率相比较，以判断总体是否可以接受。

如果样本偏差率大于可容忍偏差率，则总体不能接受。这时注册会计师对总体作出结论，样本结果不支持计划评估的控制有效性，从而不支持计划的重大错报风险评估水平。因此，审计人员应当修正重大错报风险评估水平，并增加实质性程序的数量。

如果样本偏差率低于总体的可容忍偏差率，审计人员要考虑即使总体实际偏差率高于可容忍偏差率时仍出现这种结果的风险。如果样本偏差率大大低于可容忍偏差率，审计人员通常认为总体可以接受。如果样本偏差率虽然低于可容忍偏差率，但两者很接近，审计人员通常认为总体实际偏差率高于可容忍偏差率的抽样风险很高，因而总体不可接受。如果样本偏差率与可容忍偏差率之间的差额不是很大也不是很小，以至于不能认定总体是否可以接受时，审计人员则要考虑扩大样本规模，以进一步收集证据。

2. 细节测试

(1)统计抽样。在统计抽样中，审计人员利用计算机程序或数学公式计算出总体错报上限，计算的总体错报上限等于推断的总体错报(调整后)与抽样风险允许限度之和。然后将计算的总体错报上限与可容忍错报比较。

(2)非统计抽样。在非统计抽样中，审计人员运用其经验和职业判断评价抽样结果。

如果调整后的总体错报大于可容忍错报，或虽小于可容忍错报但两者很接近，审计人员通常作出总体实际错报大于可容忍错报的结论。也就是说，该类交易或账户余额存在重大错报，因而总体不能接受。如果对样本结果的评价显示，对总体相关特征的评估需要修正，审计人员可以单独或综合采取下列措施:提请管理层对已识别的误差和存在更多误差的可能性进行调查，并在必要时予以调整;修改进一步审计程序的性质、时间和范围;考虑对审计报告的影响。

如果调整后的总体错报远远小于可容忍错报，审计人员可以作出总体实际错报小于可容忍错报的结论，即该类交易或账户余额不存在重大错报，因而总体可以接受。

如果调整后的总体错报小于可容忍错报但两者之间的差距很接近（既不很小又不很大），审计人员必须特别仔细的考虑，总体实际错报超过可容忍错报的风险是否能够接受，并考虑是否需要扩大细节测试的范围，以获取进一步的证据。

课外阅读资料

审计基础方法

1. 账项基础审计。19 世纪以前，由于企业规模小和组织结构简单，经济业务事项比较少且简单，人们关注的是企业经营者行为上是否诚实。这一阶段审计的主要特点是：审计报告的使用人主要是企业的股东；审计的主要目的是查错防弊；审计的重心是资产负债表；审计的方法是对会计科目进行详细审计；这种审计方法就是账项基础审计方法。

2. 制度基础审计。20 世纪 40 年代，一方面由于社会生产力的发展，企业规模增大，其经济业务繁多且复杂，实施详细审计已经缺乏效率。另一方面金融资本对产业资本的渗透更为广泛，银行逐渐把资产负债表作为了解企业信用的主要依据。审计报告的主要使用人除了股东外，还包括债权人 。此时审计关注的重点变为企业的财务状况和经营成果是否公允 。同时审计人员认识到会计差错与会计信息赖以生成的内部控制的好坏有着密切的联系，应首先对内部控制进行测试，然后根据分析和评价的结果确定审计的范围和重点，这种思路将更具针对性和更具效率。与此相适应，审计的方法从详细审计转向抽样审计。这种以制度测试为基础的抽样审计称为制度基础审计。

3. 风险导向审计。20 世纪 70 年代以来，社会公众对审计要求愈来愈高，加强了对审计责任的追究。审计人员对审计风险形成的认识不断完善，开发出审计风险模型，并利用统计理论对审计风险进行了具体的计量和控制。这种以审计风险为基础，通过对审计的全面控制来进行审计和实现审计目标的方法称为风险导向审计。

● 复习思考题

一、名词解释

1. 审计方法：

2. 盘点法：

3. 抽样风险：

4. 可容忍误差：

5. 预计总体误差：

二、简答题

1. 简述逆查法和顺查法的概念及适用范围和优缺点。

2. 详查法和抽样法的概念及优缺点。

3. 书面资料的审计方法包括哪些内容？

4. 财产物资的审计方法包括哪些内容？

5. 统计抽样的概念、内容及特点是什么？

三、填空题

1. 存货监盘针对的主要是存货的________认定、________认定以及____________认定，存货数量的准确性直接影响到这三个认定。

2. 总体应具备两个特征：___________和_____________。

3. 函证是指注册会计师为了获取影响财务报表或相关披露认定的项目的信息，通过 ________________，获取和评价审计证据的过程。

4. 如果估计的总体偏差率上限低于_____________，则总体可以接受。

5. 分层是指将一个总体划分为多个子总体的过程，每个子总体由一组具有_____________的抽样单元组成。

四、单项选择题

1. 在控制测试中，如果预计总体偏差率较高，意味着注册会计师预期的控制运行有效性较低，对该控制的可容忍偏差率要求就(　　)。

A. 高　　B. 低

C. 无关　　D. 最高

2. 对特定的账户而言，当抽样风险一定时，如果注册会计师确定的可容忍错报降低，所需的样本规模就(　　)。

A. 增加　　B. 减少

C. 不变　　D. 不进行抽样

3. 样本规模受注册会计师可接受的抽样风险水平的影响：可接受的风险水平越低，需要的样本规模(　　)。

A. 越少　　B. 越大

C. 全部总体　　D. 无关

4. 抽样统计中，如果估计的总体偏差率上限大于或等于可容忍偏差率，则总体(　　)。

A. 一定接受　　B. 不能接受

C. 可以接受　　D. 可接受也可不接受

5. 抽样审计中，如果计算的总体错报上限低于可容忍错报，这时注册会计师对总体作出结论，所测试的交易或账户余额(　　)重大错报。

A. 存在错报　　B. 不存在

C. 不能确定是否存在　　D. 与重大错报无关

五、多项选择题

1. 审计中选取样本的方法包括(　　)。

A. 系统选样　　B. 使用计算机辅助审计技术选样

C. 随意选样　　D. 利用随机数表选样

2. 确定样本规模的因素包括(　　)。

A. 总体规模　　B. 可接受的抽样风险

C. 可容忍的误差　　D. 总体变异性

E. 预计总体误差

3. 审计方法随着审计环境的变化经历了(　　)阶段。

A. 账项基础审计　　B. 制度基础审计
C. 风险导项审计　　D. 内部审计
4. 审计技术方法主要有(　　)。
A. 审阅法　　B. 分析法
C. 统计抽样法　　D. 盘点法
5. 影响审计工作效果的有(　　)。
A. 过度信赖风险　　B. 信赖不足风险
C. 误受风险　　D. 误拒风险

六、案例分析题

(一)资料:2007 年 6 月 2 日下午 6 点,审计人员陈真参加了市纸业公司库存现金的盘点,库存现金日记账余额为 2200 元,实际库存情况如下:

1. 库存现金实有数:100 元 20 张;50 元 10 张;10 元 100 张;5 元 10 张;1 元 50 张;5 角 20 张;2 角 10 张;1 角 10 张。

2. 5 月 29 日,企业门市部门销售产品,收到现金 3000 元,未入账。

3. 5 月 28 日,企业职工赵民借款 1000 元,款已付,未入账,没有批准。

4. 5 月 27 日,企业总务处李季借款出差 1000 元,经批准,款已付,未入账。

5. 5 月 24 日,企业收到职工还款现金 200 元,未入账。

6. 银行核定库存现金限额 2500 元。

要求:(1)将现金盘点结果填入现金盘点情况表。

现金盘点情况表

项 目	金 额	备 注
一、库存现金账面余额		
二、加项:已收款未入账		
三、减项:已付款未入账		
库存现金应存数		
库存现金实存数		
溢缺数		
溢缺原因		

出纳:李生　　会计主管:刘在　　审计人员:陈真

(二)资料:审计人员对红星化工厂进行审计,于 2006 年 3 月 2 日对化工厂存货 A 材料进行盘点,实际存量为 4000 公斤,而检查账面资料 2005 年 12 月 31 日,A 材料结存量为 2800 公斤。2006 年 3 月 2 日至 2005 年 12 月 31 日期间,入库存量为 2000 公斤、出库存量为 1000 公斤。

要求:

(1)计算化工厂被查日存量是多少?

(2)证实是否与被审计单位的结存量相等。

第五章　审计程序和审计分类

【导读】

通过本章的学习，掌握审计程序的含义；掌握国家审计和民间审计程序及其步骤。掌握审计的基本分类，了解审计的其他分类。

第一节　审计程序

一、审计程序的概念及种类

（一）审计程序的概念

审计程序是指审计工作从开始到结束的整个过程以及在该过程中各项具体工作的先后顺序、相互协调关系的总和。

审计程序有广义和狭义之分。狭义的审计程序包括准备阶段、实施阶段和终结阶段。广义的审计程序除了包括上述三个阶段外，还包括后续审计和复议程序。这里仅阐述狭义的审计程序。

（二）审计程序的种类

我国审计组织体系是由政府审计、部门及单位内部审计和民间审计构成。按审计组织体系的要求，审计程序分为政府审计程序、内部审计程序和民间审计程序。三种审计程序所涉及的审计阶段内容既有相同之处，也有不同之处。下面阐述政府审计程序和民间审计程序。

二、政府审计程序

（一）审计的准备阶段

审计准备阶段是指从审计组织接受审计项目开始，到审计人员实施审计前的期间所要做的各项工作。

这一阶段主要的工作有：

1. 确定审计工作任务。国家审计机关的审计任务一般围绕国家经济工作中心并结合现实的经济问题而确定的。在总体审计任务确定以后，最高审计机关编制总体审计计划，确定当期审计工作重点，然后把审计计划分解落实到各级审计机关。各级审计机关结合本地区的具体情况，要在每个审计工作年度开始之前，确定审计对象，并确定审查哪些具体项目。由于需要审计的单位和项目较多，在一定时期内不可能全部进行审计。因此，审计机关要选择存在的问题较大、在本地区具有一定代表性的审计对象。此外，还要考虑审计机关的业务能力，做到量力而行。

2. 配备审计人员。在确定审计任务后，审计机关要依据审计内容的难易程度、审计业务约定的时间，安排一定数量的审计人员，组成审计小组。审计小组设有负责人和主审。由于审计人员是代表国家行使审计监督权，他们的政治、业务素质的高低是影响审计工作任务完成好坏的重要因素之一。因此，审计小组成员的选择要慎重，应注意以下两方面，一方面是保持合理的人员结构，把握审计小组的整体素质。各级别审计人员应保持合理的比例。高级职称人员配备过多，会造成人力资源的浪费；初级职称人员过多，又会影响审计工作质量。因此，要按照审计内容适当安排专业技术人员以及助理人员。另一方面是保持审计人员的独立性。

3. 拟定审计工作方案。审计工作方案是审计机关和人员实施审计的行动步骤和具体安排。拟定方案之前，审计人员要对被审计单位的基本情况进行全面的了解，这是保证审计工作方案科学有效的重要环节。(1)可通过走访有关部门，了解这些部门在对被审计单位进行监督、管理或业务往来中所发现的问题；或采访单位有关职工，收集其反映的有关问题和现象；如果对被审计单位进行的是再度审计时，可以查阅有关该单位的以前审计档案，掌握其历史情况，做到心中有数。审计机关根据了解的情况，来确定审计范围、内容、方式和时间等。(2)审计工作方案的具体内容包括被审计单位名称、审计方式、审计内容和范围、具体实施步骤、计划工作时间及审计人员的组成、负责人等等。拟定出的审计工作方案必须在上报审计机关领导批准后执行。

4. 下达审计通知书。我国《审计法》中明确指出，审计组织应当在实施审计三日前送达审计通知书。如果是突击审计，可以在审计组进驻被审计单位时下达审计通知书。审计通知书既是对被审计单位的书面通知，又是审计人员进驻被审计单位执行审计任务的依据和证明。因此，审计工作方案批准后，审计组织向被审计单位签发审计通知书，进驻被审计单位，从此转入审计实施阶段。审计通知书格式如表 5－1 所示。

表 5－1　　审计通知书

×××省审计厅审计通知书

×审　通[200×]××号

×××省审计厅关于审计××××

××××××××××××的通知

根据×××××××××，决定派出审计组，自 200×年××月××日起，对你单位××××××进行审计。请予积极配合，并提供有关资料和必要的工作条件。

审计组组长：(签字)

审计组成员：(签字)　(签字)　(签字)

200×年××月××日

(加盖公章)

(二)审计实施阶段

审计实施阶段是指审计机关经过充分准备以后，进驻被审计单位，按照审计方案所确定的范围、顺序、人员分工和进度期限，采取有效的方法对被审计项目进行的检查、取证、分析和评价。

这一阶段主要工作有：

1. 对被审计单位的基本情况进行初步调查。主要了解和掌握被审计单位的历史沿革、隶属关系、生产经营管理及主要财务指标等情况，弄清各项业务处理程序的来龙去脉。

2. 在初步调查的基础上，对被审计单位的内部控制制度进行深入了解，然后确定审计工作的范围和重点。审计人员主要了解被审计单位的有关规章制度、业务处理程序和人员职责分工等情况；了解经济业务的处理手续是否健全、是否得到严格执行；了解经济业务处理过程中是否做到相互牵制、相互制约等。通过研究和评价内部控制制度，可以缩小审计范围，明确审计重点，从而提高审计效率。

3. 通过审查有关会议资料和其他经济资料，取得依据，并对证据进行收集和评价，及时、详细和准确地编制审计工作底稿。审计工作底稿记录从审计工作开始到编制审计报告为止的一切有关审计业务事项。通过编制审计工作底稿，一方面选择、整理和保存收集的资料，为审计报告提供基础资料或供以后审计参考；另一方面可以证明审计行为是否合法、合理。

（三）审计终结阶段

审计终结阶段是指审计人员通过对被审计单位的调查、分析和评价，提出审计报告，作出审计决定，建立审计档案的阶段。

这一阶段的主要工作有：

1. 进行审计证据的综合分析。为了有效地评价被审计单位的经济活动，正确地编制审计报告，审计人员应对实施阶段收集的分散的、个别的证据进行评价和整理，选出若干最适宜、最有说明力的证据，作为编制审计报告的依据。

2. 提出审计报告。审计报告是审计人员表明审计意见的书面文件。审计组对审计事项实施审计后，应当向审计机关提出审计组的审计报告。审计组的审计报告报送审计机关前，应当征求被审计对象的意见。被审计对象应当自接到审计组的审计报告之日起十日内，将其书面意见送交审计组。审计组应当将被审计对象的书面意见一并报送审计机关。

3. 审定审计报告、提出审计意见、作出审计决定。

4. 做好审计工作总结。即将所查问题进行归类整理，分清主次；找出审计工作中存在的问题并及时纠正，对取得的成绩充分肯定。

5. 建立审计档案。审计工作结束，审计小组整理审计资料，建立审计档案。这些审计资料包括审计过程中收集的各种证据、工作底稿、审计报告以及审计决定等。对于档案材料应按其性质和顺序装订成册，并由专人负责。审计档案既可以用作备查，也可以作为总结经验，改进以后的审计工作。

三、民间审计程序

民间审计程序在实施阶段上，与国家审计程序内容基本相同，在准备阶段和终结阶段上，民间审计程序有其自身的特点，主要表现在：在准备阶段，民间审计组织编制审计工作方案之前要经过了解被审计单位的基本情况、签订审计业务约定书；在终结阶段，注册会计师在提交审计报告后，一般要提出管理建议书（详见第九章）。

（一）了解委托单位的基本情况

民间审计组织的审计项目主要来源于审计委托单位。因此，了解委托单位的基本情况是决定审计组织是否签约的前提条件。进一步讲，通过了解情况，避免被卷进委托单位内部的矛盾纠纷中；避免出现审计业务约定书签订后却无法实施的情况；准确地预算审计成本和时间，以保证委托审计任务的完成。这和国家审计机关在确定被审计单位后，确定审计工作方案而进行的了解情况有所不同。民间审计组织了解委托单位情况的方式主要有通过委托单位的主管部门、原任的注册会计师或查阅该单位的有关报告资料等。了解的内容主要包括委托意图、前景及委托审计内容、范围、目前的财务状况、企业声誉、员工职责分工及是否有比较健全的内部控制制度等等。民间审计组织如果发现委托单位缺乏正直的品格，应拒绝签约，以避免过高的审计风险。

（二）签订审计业务约定书

1. 审计业务约定书概念。民间审计是先委托后审计，这是区别于国家审计和内部审计的突出特点。《中国注册会计师审计准则 1111 号——审计业务约定书》中审计业务约定书是指会计师事务所与被审计单位签订的、用以记录和确认审计业务的委托与受托关系、审计目标和范围、双方的责任以及报告的格式等事项的书面协议。注册会计师应当在审计业务开始前，与被审计单位就审计业务约定条款达成一致意见，并签订审计业务约定书，以避免双方对审计业务的理解产生分歧。

2. 审计业务约定书内容。审计业务约定书具体内容可能因被审计单位的不同而存在差异，但因包括主要方面：(1)财务报表审计的目标；(2)管理层对财务报表的责任；(3)管理层编制财务报表采用的会计准则和相关会计制度；(4)审计范围；(5)执行审计工作的安排，包括出具审计报告的时间要求；(6)审计报告格式和对审计结果的其他沟通形式；(7)由于测试的性质和审计的其他固有限制，以及内部控制的固有局限性，不可避免地存在着某些重大错报可能仍然未被发现的风险；(8)管理层为注册会计师提供必要的工作条件和协助；(9)注册会计师不受限制地接触任何与审计有关的记录、文件和所需要的其他信息；(10)管理层对其作出的与审计有关的声明予以书面确认；(11)注册会计师对执业过程中获知的信息保密；(12)审计收费，包括收费的计算基础和收费安排；(13)违约责任；(14)解决争议的方法；(15)签约双方法定代表人或其授权代表的签字盖章，以及签约双方加盖的公章。

（三）分析重要性

国家审计的职能主要是经济监督，而民间审计的职能主要是经济鉴证即通过对被审计单位的财务报表及有相关资料的公允性、合法性的审核检查，确定其可信赖的程度；并作出书面证明，以取得有关方面的信任。这种经济鉴证职能是促使民间审计在准备阶段分析重要性和审计风险的一个重要因素。

1. 重要性的概念及适用范围

《中国注册会计师审计准则 1221 号——重要性》中第三条界定了重要性，指出重要性取决于在具体环境下对错报金额和性质的判断。如果一项错报单独或连同其他错报可能影响财务报表使用者依据财务报表作出的经济决策，则该项错报是重大的。

重要性适用于注册会计师执行财务报表审计业务。注册会计师应当运用职业判断确定重要性。

2. 对重要性的考虑

(1)注册会计师对错报或漏报金额和性质的考虑。注册会计师在运用重要性原则（在计划某项审计工作）时，应当考虑对错报或漏报金额和性质的判断。分析、评价财务报表层的重要性具体应从数量和性质两个方面考虑。在性质方面，要求注册会计师根据错报或漏报的原因判断重要性。某项错报或漏报从量的方面看可能并不重要，但从其性质方面考虑，却可能是重要的。一般来说，金额大的错报或漏报比金额小的更重要；但在一些情况下，某项错报或漏报的金额虽然不大，但其性质却很重要。例如：蓄意篡改金额比笔误金额性质重要。当然，小金额错报或漏报的累计，可能会对财务报表产生重大影响，注册会计师对此应当予以关注。

(2)注册会计师需对两个层次重要性的考虑。①财务报表层次。由于审计总目标是对整个财务报表的合法性、公允性表示意见，因此，必须评价财务报表层的重要性。②各类交易、账户余额、列报认定层次。由于注册会计师只有通过验证各账户余额，才能得出有关财务报表合法性、公允性的总体结论，因此，还必须评价账户余额层的重要性。

(3)注册会计师对确定审计程序的性质、时间和范围以及评价错报的考虑。

3. 对重要性作出初步判断时应考虑的因素

(1)以往的审计经验；

(2)有关法律法规的要求；

(3)被审计单位的经营规模及业务性质；

(4)内部控制制度与审计风险评估的结果；

(5)会计报表各项目的性质及其相互关系；

(6)财务报表各项目的金额及其波动幅度。

4. 对重要性水平的确定

(1)财务报表层次重要性水平的确定

①判断基础：注册会计师应当合理选用通常包括资产总额、净资产、营业收入和净利润等判断基础。

②计算方法：采用固定比率和变动比率方法。

固定比率法，即在选定判断基础后，乘上一个固定百分比。但这个百分比是多少，世界各国都没有作出规定。这个百分比往往是按审计实务中用来判断重要性水平的一些数值作为参考，如表 5－2 所示。

表 5－2　　实务中判断重要性水平的参考值

1. 判断基础	2. 固定百分比	3. 重要性水平 = 1 × 2	说　明
税前净利润	5% ~10%		净利润较小时，采用 10%，较大时用 5%
资产总额	0.5% ~1%		
净资产	1%		
营业收入	0.5% ~1%		

变动比率法，即根据资产总额或营业收入两者中较大的一项确定一个百分比。规模越大的企业，允许的错报或漏报的金额比率就越小。

③财务报表层次重要性水平的选取：如果同一期间各财务报表的重要性水平不同，注册会计师应当选取最低者作为财务报表层次的重要性水平。但由于财务报表之间的相互关联，经常会涉及到两个或两个以上的报表，在初步判断这一层次的重要性时，注册会计师在编制审计计划时，应对每张财务报表确定一个重要性水平，并使用被认为对任何一张财务报表都重要的最小的错报或漏报总体水平。

(2)账户或交易层次重要性水平的确定

①考虑的因素:各账户或各类交易的性质及错报或漏报的可能性;各账户或各类交易重要性水平与财务报表层次的关系。

②确定方法:分配法和不分配法两种。

分配法，即注册会计师在制定账户或各类交易的审计程序前，可将财务报表层次的重要性分配至账户或各类交易，便可得出每个账户的重要性的初步估计数。各账户或各类交易层次的重要性水平之和应当等于财务报表层次的重要性水平。

不分配法，即单独确定各账户或各类交易的重要性水平。

③各账户或各类交易层次重要性水平的选取:对于重要的账户或各类交易，注册会计师应当从严制定重要性水平;对于出现错报或漏报可能性较大的账户或各类交易，可以将重要性水平确定得高一些。

注册会计师在完成外勤审计工作后，应汇总所有在审计过程中发现的审计差异，即形成审计结果，并对其进行评价。评价内容主要包括两个方面:一是这些审计差异在性质上是否重要，即是否为舞弊或违法行为;二是这些审计差异在金额上是否重要，即是否已超过审计重要性水平。注册会计师评价审计结果时所运用的重要性水平，可能与编制审计计划时所确定的重要性水平不同，如果前者大大低于后者，注册会计师应当重新评估所执行的审计程序是否恰当、充分。

(四)分析审计风险

1. 审计风险概念

审计风险是指财务报表存在重大错报而注册会计师发表不恰当审计意见的可能性。不恰当的审计意见，有可能会给报表使用者带来损失，导致注册会计师需要对这一后果承担法律责任。

2. 审计风险的组成要素及其内在关系

审计风险包括固有风险、控制风险和检查风险。固有风险是指假定被审计单位没有相关内部控制时，某一账户或交易类别产生重大错报或漏报的可能性。控制风险是指某一账户或交易类别产生错报或漏报，而未能被内部控制防止、发现和纠正的可能性。检查风险是某一账户或交易类别产生重大错报或漏报，而未能被实质性测试发现的可能性。

审计风险模型:

总审计风险 = 固有风险 × 控制风险 × 检查风险

从模型可知，在审计风险三个要素中，固有风险、控制风险与被审计单位特定环境有关，注册会计师无法控制(但可估计)，检查风险是注册会计师所能控制的风险。

固有风险、控制风险的估计水平与注册会计师对该认定所能接受的检查风险水平是反向关系。

3. 重要性与审计风险的关系

重要性与审计风险之间存在反向关系，重要性水平越高，审计风险越低;重要性水平越低，审计风险越高。如果注册会计师决定接受更低的重要性水平，审计风险将增加。注册会计师应当选用下列方法将审计风险降至可接受的低水平:

(1)通过扩大控制测试范围或实施追加控制测试;

(2)通过修改计划实施的实质性程序的性质、时间和范围。

[案例5-1]

注册会计师可接受的审计风险为5%，根据以往审计经验以及本年度对内部控制的研究和评估，被审计单位的固有风险为50%，控制风险为50%。计算注册会计师可接受的检查风险是多少?

案例分析过程:总审计风险=固有风险×控制风险×检查风险

检查风险=总审计风险/控制风险×检查风险

将已知数代入公式，检查风险=5%/50%×50%=20%。

第二节　审计分类

审计的分类是指审计人员根据各种审计的不同目标及范围、不同特征及标志所进行的归类。审计分为两大类，即基本分类和其他分类。了解审计分类，不仅有助于加深对各种审计的认识，而且也有利于审计人员根据审计目标选用适当的审计方法，组织审计实施，提高审计效率。

一、审计的基本分类

(一)按审计主体分类

审计按主体分类即按审计的执行者分类，可分为政府审计、内部审计和民间审计。

1. 政府审计

政府审计，是指国家审计机关所执行的审计。我国政府审计根据宪法规定设立审计机构。其机构由国务院所设立的审计署、县级以上的地方各级人民政府所设立的审计局和审计机关派出机构所组成。

2. 内部审计

内部审计又称部门审计，是指本部门和本单位内部专职的审计机构和审计人员，按照《审计法》的规定，对本部门和本单位进行的审计。

部门审计具有双重性质:对国家审计来说，属于内部审计;对其下属单位来说，它的审计监督又具有外部审计的性质。内部审计机构和审计人员在行政上接受本单位的领导，在审计业务上要接受同级国家审计机关的指导，上级单位的内部审计机构和审计人员还负有帮助、指导下属单位从事内部审计的责任。

3. 民间审计

民间审计，是指经有关部门审核批准，已经登记注册并具有独立地位的会计师事务所接受委托而进行的审计。其特点是受托审计。审计的内容和目的决定于委托人。民间审计同时亦可承办涉外审计业务。为中资和外资经营的企事业单位办理审计查证、验资、年检、经济案件鉴定、单位解散清理、可行性方案的研究、管理咨询服务等业务。

(二)按审计内容和目的分类

审计按其内容和目的分类，可分为财政财务审计、经济效益审计、财经法纪审计和经济责任审计。

1. 财政财务审计

财政财务审计又称传统审计，是指审计机构和人员对被审计单位的会计资料的正确性和真实性及其所反映的财政收支、财务收支的合法性和合规性进行的审计。

2. 经济效益审计

经济效益审计，是指审计机构和人员对被审计单位的财政、财务收支及经营管理活动的经济性、合理性和有效性进行的审计。

经济效益审计是现代审计发展的方向，正逐步成为我国审计监督的重要组成部分。在审计方法上除需要采用财务审计的各种方法外，还要运用现代管理方法和比较复杂的数学分析方法对企业的投入和产出及其对比结果和影响因素进行检查、取证、分析和评价，寻找生产经营活动中的薄弱环节和影响效益提高的因素，揭示提高经济效益的潜力和途径，提出建议和改进措施，以达到审计的目的。

3. 财经法纪审计

财经法纪审计一般属于专案审计，是指审计机构和人员对被审计单位和个人严重侵占国家资财、严重损害国家经济利益的违反财经纪律行为所进行的审计。

财经法纪审计的内容与财政财务审计的内容有所不同。财经法纪审计的主要任务包括：审查在财务审计中发现的重大违反财经法纪的问题；审查群众所举报的重大违反财经法经的问题；审查上级机关交办的经济案件等问题。在审计中对有严重违反财经纪律的行为可设立专案进行审查。

4. 经济责任审计

经济责任审计是在我国审计实践中创立的一种新审计种类。它是指审计机构和审计人员对企事业单位的法人代表或经营承包人在任期内的经济责任和履行情况所进行的审计。

经济责任审计一方面是对企事业单位的法人代表任职期满离任时，由审计机关所进行的一种离任审计；另一方面是针对企业实行经营承包后承包人所出现的“短期行为”，由审计机关所进行的一种经营承包审计。通过经济责任审计考核企、事业单位的法人代表和经营承包人在任期内所负的经济责任，所反映的经营成果和经济效益是否真实，各项资财是否完整。

(三)按审计主体与被审计单位的关系分类

审计按审计主体与被审计单位的关系分类，可分为内部审计和外部审计。

1. 内部审计是指由部门、单位内部设置的专职机构和配备的专职人员所进行的审计。

2. 外部审计是指由政府审计机关、社会审计组织对被审计单位所进行的审计。

内部审计和外部审计既有联系、又有区别。联系是：内部审计和外部审计都是审计监督体系的重要组成部分，其审计的总目标是一致的；内部审计和外部审计是相互依存、相互支持的，内部审计是外部审计的基础，外部审计的深度和广度在很大程度上取决于内部审计工作的健全程度。区别是：审计的范围不同；独立性的程度不同；审计结果的效力不同。

二、审计的其他分类

(一) 按审计实施时间分类

审计按实施时间，可分为事前审计、事中审计和事后审计。

1. 事前审计。事前审计是指在被审计单位经济业务发生之前所进行的审计。事前审计的优点是事前明确责任，预防经济工作中错误、失算及违法行为的发生，做到防患于未然。事前审计的内容主要是对被审计单位的经营决策、投资方案、计划预算、承包合同和其他经济活动的妥善性、可行性和安全性进行审计。

2. 事中审计。事中审计是指在被审计单位经济业务进行过程中所进行的审计。事中审计的优点是可以随时了解并掌握被审计单位经济业务的进展情况或经济责任的履行情况，及时发现问题，及时纠正错误，制止营私舞弊，防止和减少国家损失。事中审计主要可对基建项目、承包经营、材料消耗定额等执行情况进行审计。

3. 事后审计。事后审计是指在被审计单位经济业务结束后所进行的审计。政府审计大部分审计项目都属于事后审计。审计的内容是已经发生的经济业务，如对财政财务审计及经济责任审计中的离任审计，财经法纪审计和一部分经济效益审计等。通过事后审计，检查已发生的财务收支是否真实、正确、合法，有无违反国家法律法规的行为。

（二）按审计执行地点分类

审计按执行地点，可分为就地审计、送达审计和委托审计。

1. 就地审计。就地审计是指审计机构委派审计人员到被审单位所在地进行的审计。它是审计工作中常用的一种审计方式。就地审计按其具体方式可分为专程审计、常驻审计和巡回审计三种。就地进行审计，发现问题可以及时向有关人员询问，易于全面了解和掌握情况，减少资料的往返传送，不仅可以节省审计时间，而且可以提高审计效率。

2. 送达审计。送达审计又称报送审计。是指审计机构根据法律规定，对被审计单位按期报送来的经济资料所进行的审计。送达审计一般适用于经济业务量较少、凭证资料不太多的被审计单位，如有些行政事业单位就采用了这种审计方式。送达审计的优点主要是便于对被审单位进行横向比较。

3. 委托审计。委托审计是指审计机关委托社会审计组织、部门或单位内部审计机构，代表审计机关对被审计单位所进行的审计；以及部门或单位内部审计机构、企事业单位和个人委托社会审计组织所进行的审计。委托审计结束后，受委托的审计组织应向委托者和有关方面提交审计报告。

（三）按审计范围分类

审计按范围，可分为全部审计、局部审计和专项审计。

1. 全部审计。全部审计又称全面审计，是指以被审计单位在一定时期内的全部经济活动为审计对象所进行全面、详细的审计。

2. 局部审计。局部审计又称部分审计，是指以被审计单位的部分经济活动为审计对象，对其部分工作部门、经营活动及相应的经济资料所进行的审计。局部审计是针对被审计单位存在的薄弱环节所进行的重点审计。

3. 专项审计。专项审计又称专题审计，也称特种审计，是指以某一特定项目为审计对象所进行的审计。专项审计就是对某一个专项、某一个特定的专题所进行的审计和鉴定活动。

（四）按审计动机分类

审计按动机，可分为强制审计和任意审计。

1. 强制审计。强制审计也称法定审计，是指审计机构根据法律规定，无论被审计单位是否愿意接受都必须依法行使审计监督权所进行的审计。例如，国家审计机关对行政、企事业单位和国有金融机构所进行的财政财务审计以及对上市公司所进行的年度财务报表审计都属于强制审计。

2. 任意审计。任意审计又称请求审计，是指被审计单位根据自身需要，请求审计机构对本单位所进行的审计。内部审计机构执行的经济效益审计就属于任意审计。

(五)按审计是否通知分类

审计是否通知，可分为预告审计和突击审计。

1. 预告审计。是指审计机构在审计之前，将审计的目的、内容及时间预先通知被审计单位而对该单位所进行的审计。例如，审计机关进行的经济效益审计、会计师事务所接受委托的审计。

2. 突击审计。是指审计机构在审计之前，不预先通知被审计单位而对该单位所进行的审计。目的是防止被审计单位弄虚作假。例如，财经法纪的专案审计。

[**案例** 5 - 2]

2005 年 3 月 1 日下午，南通市审计局审计组进驻实业公司。他们还邀请了市粮食系统及农发行的专家开设讲座，又请财政部门同志对近年来粮食政策变化情况进行详细解读。审前调查时，审计组与全省粮食系统亏损挂账“一条鞭”审计中负责南通片的苏州市审计局的有关人员进行沟通，对该公司内控制度进行测试(内容陈旧，实际工作中也没有按制度执行，公司财务管理缺乏内部牵制，大额现金直接收支)，审计小组成员突击盘点库存现金。审计人员在保险箱角落发现一个牛皮信封，上面写着“某油脂机械成套设备公司(简称公司)借款抵押”，打开一看，是五张个人存单，计 44.5 万元，这些存单早已到期。审计组找到公司借款抵押经办人唐某，他称这是有关领导批准借出的。审计小组查阅账册并抽查凭证发现，实业公司借款 70 万元给公司，但是并未办理正规的借款手续，借条上明确还款期为十天。而后公司仅仅以现金还款 5 万元，至审计之日时尚欠 65 万元，拖欠已达 4 年之久。审计人员抽查凭证时意外发现实业公司下属的全资(子公司)某装潢公司结算工程余款，10 万元被人以现金形式取走，但未见领款收据及领款人签字。

要求：(1)按审计分类要求说明上述案例中的审计种类。

(2)根据上述案例资料，审计小组进行了哪些审计程序。

案例分析过程：

(1)审计种类：①审计基本分类：按审计主体分，它是政府审计(由审计机关进行的审计)；按审计内容分，它是财务收支审计；按与被审计单位关系分，它是外部审计；②审计其他分类：按审计实施时间分，它是事后审计；按审计执行地点分，它是就地审计；按审计范围分，它是局部审计；按审计动机分，它是强制审计；按审计是否通知分，它是预告审计。

(2)审计小组进行的审计程序：①审计准备阶段过程，制定了审计计划；确定了审计任务；成立了审计小组和进行了审前调查。②实施阶段过程，进驻被审计单位；对被审计单位的内部控制进行了解和测试；对被审计单位书面料进行审阅和抽查；对财产物资进行盘点和抽查；对有关人员进行了询问；对被审计单位存在的经济问题进行了跟踪及进一步的核实和调查。

课外阅读资料

中国审计学会简介：原国家审计署于明涛审计长在1984年3月举行的第一次全国审计工作会议上，提出建立中国审计学会。1984年12月17日，中国审计学会在北京举行成立大会。全体代表审议并通过了《中国审计学会章程》，选举产生了第一届理事会。中国审计学会的会员分单位会员和个人会员。各省、自治区、直辖市和计划单列市的审计学会、全国性行业审计学会、从事审计研究的大专院校和科研机构、社会审计组织和内部审计机构，均可申请加入成为单位会员。审计界及相关领域的知名人士和具有高级专业技术职称资格或相当资历的人员均可申请加入本会或由本会邀请成为个人会员。学会经费来源有按照国家有关规定收取的会员会费、政府拨款、在核准的业务范围内开展活动或服务的收入、社会捐赠和其他合法收入。学会于1985年创办《审计研究》学术期刊。中国审计学会的最高权力机构是会员代表大会。学会会长为学会法定代表人。学会内设机构有学术委员会、培训工作委员会和编辑部。

● 复习思考题

一、名词解释

1. 审计程序：
2. 国家审计：
3. 民间审计：
4. 内部审计：
5. 外部审计：

二、简答题

1. 审计是怎样分类的，包括了哪些内容？
2. 国家审计程序包括哪些步骤，每一步骤的工作是什么？
3. 民间审计程序中，重要性如何理解？
4. 民间审计程序中，审计风险如何理解？
5. 国家审计程序与民间审计程序有区别吗？如果有，你认为是哪些？

三、单项选择题

1. 民间审计，也称为(　　)。

A. 国家审计　　B. 部门审计
C. 单位审计　　D. 社会审计

2. 审计组织根据国家法律规定，不考虑被审计人的意愿而强制执行的审计称为(　　)。

A. 定期审计　　B. 强制审计
C. 事中审计　　D. 民间审计

3. 民间审计属于(　　)。

A. 受托审计　　B. 强制审计
C. 专项审计　　D. 突击审计

4. 收集审计证据的阶段是(　　)。

A. 计划阶段　　B. 实施阶段
C. 终结阶段　　D. 后续审计阶段

5. 审计通知书应由(　　)下达。

A. 会计师事务所　　B. 国家审计机关

C. 内部审计机构　　D. 审计小组

四、多项选择题

1. 国家审计程序一般包括(　　)三个阶段。

A. 准备阶段　　B. 实施阶段

C. 终结阶段　　D. 后续审计阶段

2. 按审计主体分类，审计可以分为(　　)。

A. 政府审计　　B. 民间审计

C. 内部审计　　D. 全部审计

E. 专项审计

3. 按审计内容和目的分类，审计可以分为(　　)。

A. 财政财务审计　　B. 经济效益审计

C. 财经法纪审计　　D. 经济责任审计

4. 审计按其执行地点分类分为(　　)。

A. 内部审计　　B. 送达审计

C. 专项审计　　D. 就地审计

E. 民间审计

5. 民间审计具有下列(　　)方面的特点。

A. 强制审计　　B. 受托审计

C. 单向审计　　D. 双向审计

E. 有偿审计

五、案例分析题

注册会计师在评估不同被审计单位的审计风险时，根据不同单位不同情况，确定注册会计师可接受的检查风险水平。

风险类别	A 企业	B 企业	C 企业	D 企业
可接受审计风险	1%	2%	3%	4%
重大错报风险	60%	56%	80%	72%

要求：

1. 针对上述四个企业注册会计师可接受的检查风险水平分别是多少？

2. 哪个企业需要注册会计师获取最多的审计证据？

第六章　审计证据和审计工作底稿

【导读】

通过本章的学习，掌握审计证据的分类及其特性；掌握审计工作底稿的种类；了解审计工作底稿作为审计档案的意义。

第一节　审计证据

一、审计证据的概念和分类

（一）审计证据的概念

审计证据是指审计人员在审计过程中，按照审计目标收集，并据以形成审计意见的能客观、真实反映被审计单位经济活动的资料和事实。政府审计、内部审计和民间审计在审计活动中都必须取得审计证据。《中国注册会计师审计准则第 1301 号——审计证据》第三条界定了审计证据含义，是指注册会计师为了得出审计结论、形成审计意见而使用的所有信息，包括财务报表依据的会计记录中含有的信息和其他信息。注册会计师应当获取充分、适当的审计证据，以得出合理的审计结论，作为形成审计意见的基础。

（二）审计证据的分类

审计证据可以按照不同标志进行分类：按审计证据外面形式；审计证据来源；审计证据间的相互关系等。

1. 按审计证据外表形式分类

审计证据按外表形式，可分为实物证据、书面证据、口头证据和环境证据。

（1）实物证据。实物证据是指审计人员通过实际观察和盘点所取得的、用于确定某些实物资产是否实际存在的证据。实物证据通常是证明实物资产是否存在的非常有说服力的证据，但实物资产的存在并不能完全证实被审计单位对其拥有所有权。而且对某些实物资产的清点，虽然可以确定其实物数量，但其质量好坏将影响到资产的价值，有时难以通过实物清点来加以判断。因此，对于取得实物证据的账面资产，还应就其所有权归属及其价值情况进行确认。

（2）书面证据。书面证据是指审计人员通过各种书面资料的审阅或抽查所取得的证据。包括与审计有关的各种原始凭证、会计记录、记账凭证、会计账簿和各种明细表、各种会议记录和文件、各种合同、通知书、报告书及函件等。书面证据是审计证据的主要组成部分，可称之为基本证据。

（3）口头证据。口头证据是指审计人员通过对被审计单位有关人员的提问所做的口头答复所形成的证据。口头证据可靠性较差，证明力较小，本身并不足以证明事情的真相，其主要作用是发掘一些重要的线索，从而有利于对某些需审核的情况做进一步的调查，以搜集到更为可靠的证据。

(4)环境证据。环境证据也称状况证据，是指审计人员通过对被审计单位产生影响的各种环境事实的观察所形成的证据。具体而言，它又包括以下几种:①有关内部控制情况;②被审计单位管理人员的素质;③各种管理条件和管理水平。

2. 按审计证据来源分类

审计证据按来源，可分为外部证据和内部证据。

(1)外部证据。外部证据是指审计人员通过被审计单位以外的组织或人员编制所形成的证据。它包括由被审计单位以外的组织或人员编制并直接递交给审计人员的和以及由被审计单位以外的组织或人员编制，但为被审计单位持有并递交给审计人员的证据。前者因未经被审计单位有关职员之手，从而排除了伪造、更改凭证或业务记录的可能性，故其证明力最强;后者因已经经被审计单位有关人员之手，因而有伪造、更改凭证或业务记录的可能性，故其证明力相对弱一点。

(2)内部证据。内部证据是指审计人员通过被审计单位或有关人员编制所形成的证据。它包括:①会计记录。它是审计人员获取的非常重要的证据。会计记录的可靠性主要取决于被审计单位内部控制制度的完善程度;②管理当局声明书。需要指出的是，被审计单位管理当局声明书属于可靠性较低的证据，它不可替代审计人员实施其他必要的审计程序;③其他书面文件。它是指被审计单位其他有助于审计人员形成审计结论和意见的书面文件，如董事会及股东大会会议记录、重要的合同资料、被审计单位的或有损失、与关联方交易等。

3. 按审计证据间相互关系分类

审计证据按相互关系，可分为基本证据和辅助证据。

(1)基本证据。基本证据是指审计人员通过对被审计单位与审计事项有着重要、直接联系所形成的证据。

(2)辅助证据。辅助证据是指审计人员通过对被审计单位与审计事项有着间接、补充作用所形成的证据。

二、审计证据的特性

(一)审计证据的充分性

《中国注册会计师审计准则第 1301 号——审计证据》中的充分性是指对审计证据数量的衡量，主要与注册会计师确定的样本量有关。

审计证据的充分性是注册会计师为形成审计意见所需审计证据的最低数量要求。客观、公正的审计意见必须建立在足够数量的审计证据的基础之上，但这并不是说，审计证据的数量越多越好。为考虑成本效益原则，注册会计师通常把需要足够数量审计证据的范围降低到最低限度。

(二)审计证据的适当性

《中国注册会计师审计准则第 1301 号——审计证据》中的适当性是指对审计证据质量的衡量，

即审计证据在支持各类交易、账户余额、列报的相关认定，或发现其中存在错报方面具有相关性和可靠性。相关性和可靠性是审计证据适当性的核心内容，只有相关且可靠的审计证据才是高质量的。

1. 审计证据的相关性。在确定审计证据的相关性时，注册会计师应当考虑：

（1）特定的审计程序可能只为某些认定提供相关的审计证据，而与其他认定无关；

（2）针对同一项认定可以从不同来源获取审计证据或获取不同性质的审计证据；

（3）只与特定认定相关的审计证据并不能替代与其他认定相关的审计证据。

审计人员只能利用与审计目标相关联的审计证据来证明和否定被审计单位所报道的事项。

2. 审计证据的可靠性。审计证据的可靠性受其来源和性质的影响，并取决于获取审计证据的具体环境。注册会计师通常按照下列原则考虑审计证据的可靠性：

（1）从外部独立来源获取的审计证据比从其他来源获取的审计证据更可靠；

（2）内部控制有效时内部生成的审计证据比内部控制薄弱时内部生成的审计证据更可靠；

（3）直接获取的审计证据比间接获取或推论得出的审计证据更可靠；

（4）以文件记录形式（无论是纸质、电子或其他介质）存在的审计证据比口头形式的审计证据更可靠；

（5）从原件获取的审计证据比从传真或复印件获取的审计证据更可靠。

三、获取审计证据时对认定的运用

（一）注册会计师可以采用下列审计程序获取审计证据：

检查记录或文件；检查有形资产；观察；询问；函证；重新计算；重新执行；分析程序。

（二）注册会计师对所审计期间的各类交易和事项运用的认定通常分为下列类别：

1. 发生：记录的交易和事项已发生，且与被审计单位有关；

2. 完整性：所有应当记录的交易和事项均已记录；

3. 准确性：与交易和事项有关的金额及其他数据已恰当记录；

4. 截止：交易和事项已记录于正确的会计期间；

5. 分类：交易和事项已记录于恰当的账户。

（三）注册会计师对期末账户余额运用的认定通常分为下列类别：

1. 存在：记录的资产、负债和所有者权益是存在的；

2. 权利和义务：记录的资产由被审计单位拥有或控制，记录的负债是被审计单位应当履行的偿还义务；

3. 完整性：所有应当记录的资产、负债和所有者权益均已记录；

4. 计价和分摊：资产、负债和所有者权益以恰当的金额包括在财务报表中，与之相关的计价或分摊调整已恰当记录。

（四）注册会计师对列报运用的认定通常分为下列类别：

1. 发生以及权利和义务：披露的交易、事项和其他情况已发生，且与被审计单位有关；

2. 完整性:所有应当包括在财务报表中的披露均已包括;

3. 分类和可理解性:财务信息已被恰当地列报和描述,且披露内容表述清楚;

4. 准确性和计价:财务信息和其他信息已公允披露,且金额恰当。

注册会计师需要获取的审计证据的数量受错报风险的影响。错报风险越大,需要的审计证据可能越多。注册会计师需要获取的审计证据的数量也受审计证据质量的影响。审计证据质量越高,需要的审计证据可能越少。

[**案例** 6-1]

2007 年,浙江云和县审计局对农村饮用水工程项目进行审计。审计人员随即进行实地走访调查,有部分村民反映对该村饮用水工程在水管材料质量和价格上存在问题,却未能提供具体理由和证据。审计人员从销售发票和材料清单上看,发现并未高于定额。为什么不在本县而是在别处购买呢?审计人员决定先在本县范围内对该品牌管材的市场价格进行调查。调查结果是按照该价格初步测算,大源村的采购价格较之市场价格竟高出了 3 万余元!但是市场调查情况并不能直接作为证明大源村项目材料采购上存在违法违纪问题的审计证据。审计人员乔装为黄源乡某村干部,通过电话与浙江××管业有限公司丽水地区总代理刘×取得联系,表示想要购买该品牌 PE 管材。但刘×在电话中表示材料实际价格属于公司机密,要求面谈并主动约定了面谈时间。为防止引起对方的怀疑,审计人员分别装扮成项目业主(某村支书和村长)与刘×正面接触,并准备好录音笔和其他准备移送材料。2007 年 8 月 16 日,刘×来到云和,主动联系了"村长",双方约定了吃饭地点。为了不引起对方的怀疑,审计人员还做了一番打扮。在餐桌上,大家边吃边"谈","村长"向刘×介绍了村里的情况,刘×在毫无察觉的情况下,将包括大源村在内的如何付款、开票等具体经过一一和盘说出,同时还透露出了在龙泉销售业务中行贿有关领导干部的细节。这一切都被"支书"暗中录音了下来。

本案例说明:审计证据必须充分、适当,而且要能证实审计事项的直接证明,审计证据必须以记录等方式保留下来。

第二节 审计工作底稿

一、审计工作底稿的概念

审计工作底稿是指审计人员在审计过程中所编制的审计工作记录以及所获取资料的总称。《中国注册会计师审计准则第 1131 号——审计工作底稿》中审计工作底稿是指注册会计师对制定的审计计划、实施的审计程序、获取的相关审计证据,以及得出的审计结论作出的记录。注册会计师应当及时编制审计工作底稿,以实现下列目的:提供充分、适当的记录,作为审计报告的基础和提供证据,证明其按照中国注册会计师审计准则的规定执行了审计工作。它可以从以下三方面理解:

1. 审计工作底稿形成的时间范围是指审计的全过程。审计的全过程一般是指从承办审计业务开始,到审计约定事项全部完成及发出审计报告为止的过程。

2. 审计工作底稿的形成方式有两种,即编制与取得。审计工作底稿可以由审计人员根据所收集到的审计证据和作出的专业判断编制;也可以由审计人员从被审计单位或其他方面取得。但审计人员对于取得的有关资料只有在经过亲自审核之后才能作为审计工作底稿。

3. 审计工作底稿的内容既包括审计人员对审计工作的记录，也包括审计人员取得的各种相关资料即审计资料。就审计工作记录而言，应是审计全过程的工作记录，包括从审计业务约定书、到审计总结及审计报告书副本的一系列审计工作记录。而审计资料应是审计人员在审计过程中取得的资料，包括相关的法律性资料，被审计单位的内部控制资料以及审计人员从外部取得的函证证明材料等。

会计师事务所对审计工作底稿实施适当的控制程序，以满足下列要求：

1. 安全保管审计工作底稿并对审计工作底稿保密；

2. 保证审计工作底稿的完整性；

3. 便于对审计工作底稿的使用和检索；

4. 按照规定的期限保存审计工作底稿。

二、审计工作底稿的分类

审计工作底稿可以根据不同标志加以分类。这里只介绍按审计工作底稿的性质不同分类，可分为综合类审计工作底稿、业务类审计工作底稿和备查类审计工作底稿。不同类别的审计工作底稿格式不尽相同。

(一)综合类审计工作底稿

综合类审计工作底稿是审计人员在审计计划和审计报告阶段，为反映整体审计计划、整个审计过程和最终审计意见而编制的工作底稿。比如审计业务约定书、审计计划、审计报告未定稿、审计总结、审计调整分录汇总表、试算平衡表、审计差异调整表等。常用的综合类审计工作底稿的规范格式如表 6－1 所示。

表 6－1　　××× 会计师事务所审计业务约书事项控制表

被审计单位名称			
地 址		委托目的	
联系人		约定书编号	
电话、传真		审计期间	
审计开始日		预计收费	
预计完成日		实际收费	
实际完成日		报告书份数	

(二)业务类审计工作底稿

业务类审计工作底稿是审计人员在审计实施阶段执行具体的审计程序所编制和取得的工作底稿。包括审计人员在执行预备调查、符合性测试和实质性测试等审计程序时，所形成的工作底稿。编制这类审计工作底稿的目的是为了组织和协调项目审计工作，使审计业务有条不紊、合理高效地进行。其格式如表 6－2 所示。

表 6－2　　　　审 计 程 序 表

（　　年　　月　　日）

被审计单位名称：________

审计项目名称：________

会计期间：____________　　　　索引号：

	执 行 情 况		
	工作底稿索引	执行人	日 期
一、审计目标 1. 2. …… 二、审计程序 1. 2. ……			

复核人：　　　　编制人：

编制说明：

1. 本表可代替编制具体审计计划。
2. 审计目标及程序根据要求填列。
3. 执行情况根据实际执行人、时间和相关的工作底稿索引号填列。

（三）备查类审计工作底稿

备查类审计工作底稿是审计人员在审计过程中形成的，对审计工作具有备查作用的审计工作底稿。比如与审计业务约定事项有关的重要法律性文件，重要经济合同与协议，重要会议记录、企业营业执照、公司章程等原始资料的副本或复印件。

三、审计工作底稿的性质

审计工作底稿可以以纸质、电子或其他介质形式存在。审计工作底稿通常包括总体审计策略、具体审计计划、分析表、问题备忘录、重大事项概要、询证函回函、管理层声明书、核对表、有关重大事项的往来信件（包括电子邮件），以及对被审计单位文件记录的摘要或复印件等。审计工作底稿通常不包括已被取代的审计工作底稿的草稿或财务报表的草稿、对不全面或初步思考的记录、存在印刷错误或其他错误而作废的文本，以及重复的文件记录等。在记录实施审计程序的性质、时间和范围时，注册会计师应当记录：审计工作的执行人员及完成该项审计工作的日期；审计工作的复核人员及复核的日期和范围。对每项具体审计业务，注册会计师应当将审计工作底稿归整为审计档案。

四、审计工作底稿的内容及编制

(一)审计工作底稿的内容

审计工作底稿至少应具备下面的基本内容：

1. 被审计单位的名称；
2. 审计项目的名称及被审计的时间；
3. 审计工作底稿的编号；
4. 审计过程的记录；
5. 编制者姓名和编制日期；
6. 复核者姓名和复核日期；
7. 其他应说明的事项。

(二)审计工作底稿的编制

审计工作底稿因内容、种类的不同，其格式也不尽相同，但是各种审计工作底稿具有基本的内容及格式。下面以管理费用审计工作底稿为例，说明审计工作底稿的编制。管理费用审计工作底稿如表 6 - 3 所示。

表 6 - 3　　管理费用审计工作底稿

被审计单位名称	BC 公司		签名	日期	索引号
		编制人	A	××年 1 月 3 日	16
审计项目	管理费用	复核人	B	××年 1 月 5 日	页次
会计期间或截止日	××年 12 年 31 日				1
项目		未审数	调整	审定数	备注
工资		50000		50000	
办公费		20000	1000	21000	
固定资产折旧费		10000		10000	
待摊费用摊销		6000	500	6500	
		4000		4000	
		90000G	1500	91500T/B	

审计标识说明：

G：与总分类账核对一致

T/B：与试算平衡表核对一致

纵加核对

审计结论：

调整后管理费用 91500 元，可以确认。

1. 稿首部分：(1)被审计单位名称；(2)审计项目名称；(3)索引号及页数；(4)编制人及编

制日期;(5)复核人及复核日期;(6)审计项目时点或期间。

2. 审计工作底稿内容部分:(1)被审计单位未审计情况:①被审计单位内部控制情况;②有关会计账项的未审计发生额及余额。(2)审计过程记录:①审计人员实施的审计测试性质;②审计测试项目;③抽取的样本及检查的重要凭证;④审计标识及说明;⑤审计调整及重分类事项。

3. 审计意见部分:(1)审计人员对被审计单位内部控制情况的研究与评价结果;(2)有关会计账项的审定发生额及审定余额。

注:①审计项目名称，应根据具体所做的业务填制，如可填为“应收账款汇总表”、“管理费用”等。

②会计期间或截止日，应视所审计的业务范围而定。如所做审计业务是2005年的年审，那么应填制“2005年12月31日”。

③ 编制人、复核人栏目，应由具体人员填制，以明确责任，同时还要填编制及复核日期。

④审计工作底稿索引号，应根据审计工作底稿执业规范指南中规定的索引号统一编制。

(三)审计工作底稿编制的注意事项

1. 审计工作底稿必须记录所有有关审计业务的重要事项。既要内容完整，又要抓住重点。避免不规范、没有明确的标题、没有注明审计工作底稿的索引号、编制人员及编制日期、资料来源及性质的审计工作底稿。

2. 审计工作底稿所需的证据要充分、适当。避免未取得关于被审计单位内部控制制度是否健全有效的证明，未明确记载已经办理的审计手续，未记载有关资产管理、成本制度和待处理事项的调查结果，证据不够充分、适当的审计工作底稿。

3. 审计工作底稿必须有明确的审计意见。避免对所列问题不明确表示审计人员意见的审计工作底稿。

4. 审计工作底稿应格式规范、标识一致、用语准确易懂、内容简明扼要。

(四)审计工作底稿复核

审计工作底稿一般实行三级复核制度，即项目经理为复核人对审计工作底稿进行复核、部门经理为复核人对审计工作底稿进行复核和主任会计师为复核人对审计工作底稿进行复核的制度。审计工作底稿进行逐级复核，是对审计工作质量把关并提高审计工作质量不可缺少的环节。

五、审计工作底稿归档

注册会计师应当按照会计师事务所质量控制政策和程序的规定，及时将审计工作底稿归整为最终审计档案。审计工作底稿的归档期限为审计报告日后六十天内。如果注册会计师未能完成审计业务，审计工作底稿的归档期限为审计业务中止后的六十天内。在审计报告日后将审计工作底稿归整为最终审计档案。

[**案例6-2**]

资料：A公司的产品价格通常比较稳定。销售情况一直增长缓慢。2004年11月，A公司从它的竞争对手B公司那里雇用了一个新的销售总监M，M将其原来在B公司的客户带到了 A 公司，使得 A 公司 2004 年 12 月份的销售量增加了 25%。自 2005 年 4 月起，A 公司的平均销售价格增加了 5%。由于客户的增加，A 公司 2005 年度的销售额比 2004 年增加了 28.7%。注册会计师可接受的差异额确定为人民币 10000 元。

要求：1. 注册会计师对 2005 年销售情况进行哪些审查？

2. 注册会计师建立的销售期望值与实际销售额差异较大（见下表），如何审查？

2005 年销售期望值与实际销售额 **单位：元**

2005 年度期望值	2005 度实际销售额	差　异
185000	159000	-26000（4 月）
183000	200000	17000（5 月）
183000	195000	12000（11 月）
176000	191000	15000（12 月）

案例分析过程：

1. 与 2004 年度相比，A 公司的销售在 2005 年度发生了下述变化：

（1）由于客户的增加，2005 年度 1～11 月份的销售额与 2004 年度相同期间相比，增加了 25%，注册会计师已经在对应收账款进行审计的过程中，通过向客户函证的方式证实了这一增加。

（2）自 2005 年 4 月起，A 公司的平均销售价格增加了 5%。注册会计师通过检查 A 公司的标准价格表核实了这一事项。

2.（1）4 月和 5 月的差异。4 月份的实际销售额比期望值低 26 000 元，而 5 月份的实际值比期望值高 17 000 元。就此，注册会计师首先询问了被审计单位管理层。管理层回答由于未曾对 4 月和 5 月的收入进行调查，不能解释上述差异。注册会计师接着与财务主管人员讨论上述差异，财务主管回忆说 4 月份有一名销售人员 N 在结账以后才提交其四月份的销售单据，为方便起见，财务部门将这些四月份的销售记录在 5 月份的账簿中。针对这一解释，注册会计师检查了 A 公司 5 月份销售账簿中与 N 有关的销售记录，并抽取了其中一部分追查到原始凭证。通过这些程序，注册会计师确定，记录在 5 月份中的属于 4 月份的销售共计人民币 20 000 元，考虑这一因素的影响，4 月份和 5 月份的差异额将低于注册会计师设定的可接受的差异额（10000 元）。因此，注册会计师决定不再执行进一步调查工作。

（2）11 月和 12 月的差异。11 月和 12 月实际销售额分别比期望值高人民币 12 000 元及 15 000 元。注册会计师对此予以进一步调查，询问了被审计单位的管理层。管理层解释，在 2005 年 10 月初公司与一个大型分销商签订了代理合同，此外，销售总监 M 也在 10 月份争取了两个新的大客户，因此 2005 年 4 季度的销售比以往年度有所增加是正常的情形。针对管理层的解释，注册会计师检查了销售部门的月度总结报告，发现销售部门确实在 10 月份采取了行动并取得了管理层所说的客户。然后注册会计师对新增客户于 2005 年度的销售记录进行了检查，并同时检查了这些销售的收款情况，并未发现异常。经检查，新增客户在 2005 年 11 月和 12 月分别使得 A 公司的销售额增加了人民币 8 000 元和 10 000 元。考虑这一因素的影响，A 公司 11 月和 12 月的差异额将低于注册会计师设定的可接受的差异额（10000 元），因此注册会计师决定不再做进一步调查。

课外阅读资料

国际会计师联合会：于1977年10月14日在德国慕尼黑成立，其前身是于1972年在澳大利亚的悉尼召开的第10届国际会计师大会上成立的国际会计职业协调委员会。最高领导机构是代表大会和理事会。代表大会由其成员——各国会计师职业团体各出一人组成，代表大会与5年一次的会计师大会同时召开。理事会由来自15个不同国家的职业会计师团体的代表组成。理事会下设7个常设委员会：教育委员会、职业道德委员会、国际审计实务委员会、国际大会委员会、管理会计委员会、计划委员会和地区组织委员会。每个委员会都规定有其工作范围和期限。在这7个常设委员会中，权限最大的是国际审计实务委员会，它可代表国际会计师联合会理事会制定和公开发布有关审计的标准，并在发布国际审计标准时无需国际会计师联合会理事会的事前批准，它是国际会计师联合会中一个有一定独立性的组织。中国注册会计师协会1997年5月8日正式成为国际会计师联合会成员。

● 复习思考题

一、名词解释

1. 审计证据：
2. 实物证据：
3. 书面证据：
4. 审计工作底稿：
5. 基本证据：

二、简答题

1. 审计证据是如何分类，它包括的内容是什么？
2. 审计基本证据与辅助证据的关系是什么？
3. 民间审计证据获取的方法有哪些？
4. 审计工作底稿如何分类，它包括的内容是什么？
5. 审计工作底稿如何编制？

三、单项选择题

1. 审计人员获取的被审计单位有关人员口头答复所形成的书面的记录，属于(　　)。

A. 书面证据　　B. 口头证据
C. 实物证据　　D. 环境证据

2. 审计人员通常使用(　　)方法取得环境证据。

A. 观察　　B. 重新计算
C. 询问　　D. 检查有形资产

3. 下列证据中，不属于书面证据的有(　　)。

A. 原始发票　　B. 材料盘点表
C. 会计报表　　D. 管理当局声明书

4. 下列有关审计证据的表述中，错误的是(　　)。

A. 一般情况下，书面证据比口头证据可靠
B. 一般情况下，外部证据比内部证据可靠

C. 一般情况下，复制证据比原始证据可靠

D. 一般情况下，内部控制良好的证据比内部控制差的证据可靠

5. 审计人员获取的下列审计证据中，证明力最弱的是(　　)。

A. 购货发票　　B. 支票存根

C. 领料单　　D. 律师声明书

四、多项选择题

1. 审计证据按其外形特征，可以分为(　　)。

A. 实物证据　　B. 书面证据

C. 口头证据　　D. 环境证据

2. 下列项目可以采用函证的方法进行审计的有(　　)。

A. 应收账款　　B. 应付账款

C. 预收账款　　D. 银行存款

3. 下列各项对审计证据充分性和适当性之间的关系表述正确的有(　　)。

A. 审计证据的相关性越强，所需审计证据的数量可以减少

B. 审计证据的充分性较高，就可以降低审计证据的质量

C. 审计证据的可靠程度较低时，就需要更多的审计证据

D. 审计证据的质量越高，可以适当减少审计证据的数量

4. 综合类工作底稿的内容包括(　　)。

A. 被审计单位管理当局声明书　　B. 被审计单位营业执照

C. 审计业务约定　　D. 执行符合性测试形成的工作底稿

5. 审计人员在审计过程中获取实物证据的审计方法有(　　)。

A. 检查　　B. 函证

C. 观察　　D. 重新执行

6. 外部证据是由被审计单位以外的组织或人士所编制的书面证据，其中包括(　　)。

A. 应收账款函证的回函　　B. 收到支票

C. 购货发票　　D. 签发的支票

7. 下列证据中，属于内部书面证据的有(　　)。

A. 会计记录　　B. 客户盘点单

C. 董事会会议记录　　D. 客户律师对审计询证函的回函

8. 一般情况下，实物证据不能证实的有(　　)。

A. 实物资产的数量　　B. 实物资产的质量

C. 有价证券的数量　　D. 现金的数量

9. 审计证据的适当性表明的是(　　)。

A. 相关性　　B. 可靠性

C. 充分性　　D. 合法性

10. 审计工作底稿的归档期限为(　　)。

A. 审计报告日后六十天内　　B. 审计报告日后三十天内

C. 审计业务中止后的六十天内　　D. 审计业务中止后的三十天内

五、判断题

1. 外部证据是由审计人员之外的组织机构或人士编制的书面证据，一般具有较强的证明力。(　)

2. 审计证据的充分性和适当性是审计证据相互独立的特征，彼此之间没有联系。(　)

3. 审计人员在任何情况下都不得外泄审计工作底稿中的内容。(　)

4. 工作底稿按其内容分类，可以分为综合类工作底稿、业务类工作底稿和备查类工作底稿。(　)

5. 审计人员获取审计证据时，不论是重要的审计项目还是一般的审计项目，均应考虑成本效益原则。(　)

六、案例分析题

(一)资料：不同类型审计证据的可靠性存在一定的差异，试分析下列每组证据中哪项证据更为可靠，并简单说明你的理由。

1. 银行询证函与银行对账单。

2. 审计人员盘点存货的记录与客户自编的存货盘点表。

3. 电脑打印的应收账款明细账与应收账款询证函的回函。

4. 被审计单位管理当局声明书与律师声明书。

(二)资料：ABC会计师事务所指派X注册会计师对Y股份有限公司(以下简称Y公司)2005年度财务报表进行审计，出具了无保留意见审计报告。X注册会计师于2007年初对Y公司2006年度财务报表进行审计时初步了解到，Y公司2006年度的经营形势、管理及组织架构与2005年度比较未发生重大变化，且未发生重大重组行为，相关资料如下：

Y公司2006年度利润表和2005年度利润表　　单位:万元

项目	2006年度(未审数)	2005年度(审定数)
一、营业收入	50000	40000
减:营业成本	40000	33000
营业税金及附加	1000	900
销售费用	4000	3200
管理费用	-5000	2000
财务费用	1000	900
加:投资收益	5000	2000
营业利润	14000	2000
加:营业外收入	1000	1500
减:营业外支出	2000	2000
二、利润总额	13000	1500
减:所得税费用(税率33%)	4290	495
三、净利润	8710	1005

要求:为确定重点审计领域，X注册会计师拟实施分析程序，请对资料进行分析后，指出利润表中的异常波动项目。

第七章　内部控制制度及其评审

【导读】

本章主要阐述内部控制的基本概念、构成要素等内容；讲解审计人员对被审计单位内部控制的测试方法、测试程序及对测试结果的评价。

第一节　内部控制制度概述

一、内部控制的概念

《中国注册会计师审计准则第 1211 号 ——了解被审计单位及其环境并评估重大错报风险》中内部控制是指被审计单位为了合理保证财务报告的可靠性、经营的效率和效果以及对法律法规的遵守，由治理层、管理层和其他人员设计和执行的政策和程序。

对内部控制的理解应当注意以下几点：

1. 内部控制的目标是合理保证。(1)财务报告的可靠性，这一目标与管理层履行财务报告编制责任密切相关；(2)经营的效率和效果，即经济有效地使用企业资源，以最优方式实现企业的目标；(3)在所有经营活动中遵守法律法规的要求，即在法律法规的框架下从事经营活动。

2. 设计和实施内部控制的责任主体是治理层、管理层和其他人员，组织中的每一个人都对内部控制负有责任。

3. 实现内部控制目标的手段是设计和执行控制政策和程序。

注册会计师可以通过了解与审计相关的内部控制，以识别潜在错报的类型，考虑导致重大错报风险的因素，从而设计和实施进一步审计程序的性质、时间和范围。

二、内部控制的要素

内部控制包括下列要素：控制环境；风险评估过程；信息系统与沟通；控制活动；对控制的监督。

(一)控制环境

控制环境包括治理职能和管理职能，以及治理层和管理层对内部控制及其重要性的态度、认识和措施。良好的控制环境是实施有效内部控制的基础。

控制环境的构成要素包括：(1)对诚信和道德价值观念的沟通与落实；(2)对胜任能力的重视；(3)治理层的参与程度；(4)管理层的理念和经营风格；(5)组织结构；(6)职权与责任的分配；(7)人力资源政策与实务。

在评价控制环境各个要素时，应当考虑控制环境各个要素是否得到执行。因为管理层也许建立了一个合理的内部控制，但却未有效执行。在确定构成控制环境的要素是否得到执行时，注册会计师应当考虑将询问与其他风险评估程序相结合以获取审计证据。通过询问管理层和员工，注册会计师可能了解管理层如何就业务规程和道德价值观念与员工进行沟通；通过观察和检查，注册会计师可能了解管理层是否建立了正式的行为守则，在日常工作中，行为守则是否得到遵守，以及管理层如何处理违反行为守则的情形。

(二)风险评估过程

任何经济组织在经营活动中都会面临各种各样的风险，风险对其生存和竞争能力产生影响。很多风险并不为经济组织所控制，但管理层应当确定可以承受的风险水平，识别这些风险并采取一定的应对措施。

注册会计师应当了解被审计单位的风险评估过程和结果。风险评估过程包括识别与财务报告相关的经营风险，以及针对这些风险所采取的措施。风险评估过程的作用是：识别、评估和管理影响被审计单位实现经营目标能力的各种风险。针对财务报告目标的风险评估过程包括识别与财务报告相关的经营风险，评估风险的重大性和发生的可能性，以及采取措施管理这些风险。

在评价被审计单位风险评估过程的设计和执行时，注册会计师应当确定管理层如何识别与财务报告相关的经营风险，如何估计该风险的重要性，如何评估风险发生的可能性，以及如何采取措施管理这些风险。

(三)信息系统与沟通

信息系统与沟通是收集与交换被审计单位执行、管理和控制业务活动所需信息的过程，包括收集和提供信息(特别是履行内部控制岗位职责所需的信息)给适当人员，使之能够履行职责。

财务报告相关的信息系统，包括用以生成、记录、处理和报告交易、事项和情况，对相关资产、负债和所有者权益履行经营管理责任的程序和记录。交易可能通过人工或自动化程序生成。记录包括识别和收集与交易、事项有关的信息。处理包括编辑、核对、计量、估价、汇总和调节活动，可能由人工或自动化程序来执行。报告是指用电子或书面形式编制财务报告和其他信息，供被审计单位用于衡量和考核财务及其他方面的业绩。

与财务报告相关的信息系统所生成信息的质量，对管理层能否作出恰当的经营管理决策以及编制可靠的财务报告具有重大影响。与财务报告相关的信息系统通常包括下列职能：(1)识别与记录所有的有效交易；(2)及时、详细地描述交易，以便在财务报告中对交易作出恰当分类；(3)恰当计量交易，以便在财务报告中对交易的金额作出准确记录；(4)恰当确定交易生成的会计期间；(5)在财务报表中恰当列报交易。

注册会计师应当从下列方面了解与财务报告相关的信息系统：(1)在被审计单位经营过程中，对财务报表具有重大影响的各类交易；(2)在信息技术和人工系统中，对交易生成、记录、处理和报告的程序；(3)与交易生成、记录、处理和报告有关的会计记录、支持性信息和财务报表中的特定项目；(4)信息系统如何获取除各类交易之外的对财务报表具有重大影响的事项和情况；(5)被审计单位编制财务报告的过程，包括作出的重大会计估计和披露；(6)管理层凌驾于账户记录控制之上的风险。

与财务报告相关的沟通包括使员工了解各自在与财务报告有关的内部控制方面的角色和

职责，员工之间的工作联系，以及向适当级别的管理层报告例外事项的方式。公开的沟通渠道有助于确保例外情况得到报告和处理。沟通可以采用政策手册、财务报告手册和备忘录等形式进行，也可以通过发送电子邮件、口头沟通和管理层的行动来进行。

注册会计师应当了解被审计单位内部如何对财务报告的岗位职责，以及与财务报告相关的重大事项进行沟通。注册会计师还应当了解管理层与治理层之间的沟通，以及被审计单位与外部的沟通。

(四)控制活动

控制活动是指有助于确保管理层的指令得以执行的政策和程序，包括与授权、业绩评价、信息处理、实物控制和职责分离等相关的活动。授权包括一般授权和特别授权。一般授权是指管理层制定的要求组织内部遵守的普遍适用于某类交易或活动的政策。特别授权是指管理层针对特定类别的交易或活动逐一设置的授权。如重大资本支出和股票发行等。

与业绩评价有关的控制活动，主要包括被审计单位分析评价实际业绩与预算(或预测、前期业绩)的差异，综合分析财务数据与经营数据的内在关系，将内部数据与外部信息来源相比较，评价职能部门、分支机构或项目活动的业绩，以及对发现的异常差异或关系采取必要的调查与纠正措施。

与信息处理有关的控制活动，包括信息技术一般控制和应用控制。信息技术一般控制是指与多个应用系统有关的政策和程序，有助于保证信息系统持续恰当地运行，支持应用控制作用的有效发挥，通常包括数据中心和网络运行控制，系统软件的购置、修改及维护控制，接触或访问权限控制，应用系统的购置、开发及维护控制。信息技术应用控制是指主要在业务流程层次运行的人工或自动化程序，与用于生成、记录、处理、报告交易或其他财务数据的程序相关，通常包括检查数据计算准确性，审核账户和试算平衡表，设置对输入数据和数字序号的自动检查，以及对例外报告进行人工干预。

实物控制，主要包括了解对资产和记录采取适当的安全保护措施，对访问计算机程序和数据文件设置授权，以及定期盘点并将盘点记录与会计记录相核对。实物控制的效果影响资产的安全，从而对财务报表的可靠性及审计产生影响。

职责分离，主要包括被审计单位如何将交易授权、交易记录以及资产保管等职责分配给不同员工，以防范同一员工在履行多项职责时可能发生的舞弊或错误。当信息技术运用于信息系统时，职责分离可以通过设置安全控制来实现。

(五)对控制的监督

对控制的监督是指被审计单位评价内部控制在一段时间内运行有效性的过程，该过程包括及时评价控制的设计和运行，以及根据情况的变化采取必要的纠正措施。

监督对控制的持续有效运行十分重要。如果没有对相关的控制进行监督，该项控制可能无法得到持续的执行。

注册会计师应当了解被审计单位对与财务报告相关的内部控制的监督活动，并了解如何采取纠正措施。持续的监督活动通常贯穿于被审计单位的日常经营活动与常规管理工作中。被审计单位可能使用内部审计人员或具有类似职能的人员对内部控制的设计和执行进行专门的评价。被审计单位也可能利用与外部有关各方沟通或交流所获取的信息监督相关的控制活动。在某些情况下，外部信息可能显示内部控制存在的问题和需要改进之处。监管机构可能会对影响内部控制运行的问题与被审计单位沟通。管理层可能也会考虑与注册会计师就内部控制问题进行沟通，通过与外部信息的沟通，可以发现内部控制存在的问题，以便采取纠正措施。

第二节 内部控制制度的评审

内部控制评审通常包括内部控制了解及描述、测试和评价三个方面。

一、内部控制的了解和描述

(一)内部控制的了解

1. 了解内部控制的含义:(1)评价控制的设计。评价控制的设计是指考虑一项控制单独或连同其他控制能否有效防止或发现并纠正重大错报。(2)确定控制是否得到执行。控制是否得到执行是指某项控制是否存在且被审计单位是否正在使用。

2. 获取控制设计和执行的审计证据的程序:

(1)询问被审计单位的人员;

(2)观察特定控制的运用;

(3)检查文件和报告;

(4)追踪交易在财务报告信息系统中的处理过程(穿行测试)。

穿行测试是通过追踪交易在财务报告信息系统中的处理过程，来证实注册会计师对控制的了解、评价控制设计的有效性以及确定控制是否得到执行。穿行测试不是单独的一种程序，而是将多种程序按特定审计需要进行结合运用的方法。

3. 与审计相关的控制。包括被审计单位为实现财务报告可靠性目标设计和实施的控制。注册会计师应当运用职业判断，考虑一项控制单独或连同其他控制是否与评估重大错报风险以及针对评估的风险设计和实施进一步审计程序有关。在运用职业判断时，注册会计师应当考虑下列因素:(1)注册会计师确定的重要性水平;(2)被审计单位的性质;(3)被审计单位的规模;(4)被审计单位经营的多样性和复杂性;(5)法律法规和监管要求;(6)作为内部控制组成部分的系统的性质和复杂性。

(二)内部控制的描述

1. 内部控制描述的含义:是指注册会计师对被审计单位了解到的内部控制情况及内部控制风险初步评价所做的记录。记录方法有三种，即调查表法、文字表述法和流程图法。

(1)调查表法:将与审计事项有密切关系的内部控制要素、内容等列作调查对象，由审计单位进行设计成有关问题及调查表格式，交给被审计单位的有关人员进行填写或审计人员根据调查结果自行填写的方法。调查表格式如表 7－1 所示。

表 7－1　　内部控制情况调查表

被审计单位：

调查内容：

调查时间：

被调查人：

调查的问题	调查结果	
	是	否
1. 材料采购是否按计划执行？		
2. 材料入库是否有严格的验收手续？		
3. 材料从采购到入库会计凭证传递是否及时、合理？……		

审计人员：

(2)文字表述法：将与审计事项有密切关系的内部控制要素、内容进行了解并以书面形式记录下来的方法。

(3)流程图法：将与审计事项有密切关系的内部控制要素、内容所传递的流程用特定的符号或图形直观地表达出来的方法。

二、内部控制的测试与评价

(一)内部控制测试的基本概念

1. 内部控制测试含义。它是测试控制运行的有效性。注册会计师应当从下列方面测试控制运行的有效性：(1)控制在所审计期间的不同时点是如何运行的；(2)控制是否得到一贯执行；(3)控制由谁执行；(4)控制以何种方式运行(例如人工控制或自动化控制)。从这四个方面来看，控制运行有效性强调的是控制能够在各个不同时点按照既定设计得以一贯执行。

内部控制测试分为符合性测试和实质性测试两种。

2. 控制测试的性质

控制测试的性质是指控制测试所使用的审计程序的类型及其组合。

计划从控制测试中获取的保证水平是决定控制测试性质的主要因素之一。计划的保证水平越高，对有关控制运行有效性的审计证据的可靠性要求越高。当拟实施的进一步审计程序主要以控制测试为主，尤其是仅实施实质性程序获取的审计证据无法将认定层次重大错报风险降至可接受的低水平时，注册会计师应当获取有关控制运行有效性的更高的保证水平。

确定控制测试的性质时应当充分考虑下列因素：

(1)考虑特定控制的性质。注册会计师应当根据特定控制的性质选择所需实施审计程序的类型。

(2)考虑测试与认定直接相关和间接相关的控制。在设计控制测试时，注册会计师应当考虑这些控制所依赖的与认定间接相关的控制，以获取支持控制运行有效性的审计证据。

(3)对于一项自动化的应用控制，由于信息技术处理过程的内在一贯性，注册会计师可以利用该项控制得以执行的审计证据和信息技术一般控制运行有效性的审计证据，作为支持该项控制在相关期间运行有效性的重要审计证据。

(4)双重目的的测试。控制测试的目的是评价控制是否有效运行;细节测试的目的是发现认定层次的重大错报。注册会计师可以考虑针对同一交易同时实施控制测试和细节测试,以实现双重目的。

(5)如果通过实施实质性程序未发现某项认定存在错报,这本身并不能说明与该认定有关的控制是有效运行的;但如果通过实施实质性程序发现某项认定存在错报,注册会计师应当考虑实施实质性程序发现的错报对评价相关控制运行有效性的影响。如果实施实质性程序发现被审计单位没有识别出的重大错报,通常表明内部控制存在重大缺陷。

3. 控制测试的时间

(1)控制测试的时间的含义

控制测试的时间包含两层含义:一是何时实施控制测试;二是测试所针对的控制适用的时点或期间。

(2)期中审计证据

如果注册会计师期中实施进一步审计程序,已获取有关控制在期中运行有效性的审计证据,则需要考虑如何能够将控制在期中运行有效性的审计证据合理延伸至期末。

(3)以前审计获取的审计证据

对于以前审计获取的有关控制运行有效性的审计证据,应当考虑拟信赖的以前审计中测试的控制在本期是否发生变化。考虑与控制变化有关的审计证据有助于注册会计师决定合理调整拟在本期获取的有关控制运行有效性的审计证据。

(二)进行初步评价和符合性测试

1. 初步评价。①内部控制的健全性:分析内部控制的强点和弱点两个方面。评价内部控制健全性的重点是分析内部控制弱点。分析内部控制弱点:一是考虑企业对于这些控制弱点是否已经采取了补救的办法来消除其弱点的不利影响;二是考虑控制弱点是否会产生严重的后果。②内部控制的合理性:分析内部控制的布局是否合理,有没有过多或不必要的内部控制。

2. 符合性测试。是为了确定内部控制的设计和执行是否有效而实施的审计程序。符合性测试是在了解内部控制的基础上,只对那些准备信赖的内部控制执行符合性测试,并且只有当因信赖内部控制而减少的实质性测试的工作量大于符合性测试的工作量时,符合性测试才是必要和经济的。

符合性测试主要是针对控制设计和控制执行进行的测试。控制设计测试主要是解决控制是否合理、适当,能不能防止或发现和纠正财务报表的重大错报和漏报等。控制执行测试主要是解决控制是否实际发挥作用,反映控制执行的有效性。

符合性测试又可分为同步符合性测试、追加符合性测试和计划符合性测试三种。同步符合性测试是指在审计人员取得对内部控制的了解时,同时执行的测试。追加符合性测试是为了进一步降低审计人员对控制风险的估计水平。测试之前,必须考虑是否符合成本效益原则,还必须考虑有没有可能获得额外的证据,来支持进一步降低审计人员对控制风险的估计水平。如不能进一步降低审计人员对控制风险的估计水平,就没有必要执行该种测试。计划符合性测试是在选用较低的控制风险估计水平法下必须执行这种测试,目的是为了支持审计人员计划的实质性测试水平。

（三）作出恰当的评价和实质性测试

1. 作出恰当的评价。审计人员经过对被审计单位内部控制的了解、描述和符合性测试后，对内部控制作出恰当的评价，以便确定审计重点和进行实质性测试。评价的内容通常有内部控制的健全性、合理性和有效性。①评价内部控制的健全性，是对被审计单位的内部控制是否建立了全面的内部控制系统，控制措施和方法能够起到应有的控制作用。②评价内部控制的合理性，是对被审计单位的内部控制是否建立了一个比较理想的模式，有无多余或遗漏的控制。③评价内部控制的有效性，是对被审计单位的内部控制是否建立了有实际效果的控制系统，其控制是否能发挥作用。

2. 实质性测试。是对被审计单位的内部控制的真实性、正确性作出进一步审核，将审核的结果作为审计证据，并据以作出有关审计结论而实施的审计程序。实质性测试是在符合性测试的基础上，进一步进行测试。审计人员根据测试结果，判断被审计单位内部控制的作用和存在的问题，并提出今后改进的意见和建议。

（四）评价内部控制的风险水平

审计人员通过对被审计单位内部控制的符合性和实质性测试后，根据所获取的审计证据，对被审计单位内部控制的风险水平作出最终评价。评价控制风险的结果称为控制风险估计水平。评价的结果可以用低控制风险、中控制风险、高控制风险三种类型来表示。低控制风险指企业内部控制具有健全合理的内部控制，该控制与认定相关能有效的发挥作用。中等程度控制风险指该内部控制较为良好，但存在一定的缺陷或薄弱环节，在一定程度上能够防止或发现并纠正财务报表的重要错报。高控制风险指控制与认定不相关或测试结果表明该控制不能有效发挥作用。

[案例 7 - 1]

某被审计单位针对销售收入和销售费用的业绩评价控制如下：财务经理每月审核实际销售收入（按产品细分）和销售费用（按费用项目细分），并与预算数和上年同期数比较，对于差异金额超过 5% 的项目进行分析并编制分析报告，销售经理审阅该报告并采取适当跟进措施（相关认定：发生、准确性和完整性）。注册会计师抽查了最近三个月的分析报告，并看到上述管理人员在报告上签字确认，证明该控制已经得到执行。然而，注册会计师在与销售经理的讨论中，发现他对分析报告中明显异常的数据并不了解其原因，也无法作出合理解释，从而显示该控制并未得到有效地运行。

[案例 7 - 2]

某市审计局对本市机电公司进行财务收支审计时，发现该单位三位会计分别担任以下工作：A 会计记录并保管总账、记录应付账款明细账和应收账款明细账；B 会计负责开具退货拒付通知书及调解银行对账单；C 会计记录库存现金及银行存款日记账、开具支票、处理并送存收入的现金。

要求：

1. 指出被审计单位三位会计分工是否合理？

2. 指出被审计单位三位会计工作量是否相对均等？

案例分析过程:

1. 上述三位会计人员分工不合理,因为根据内部控制职责分工的要求,记录总账的会计不能同时记录明细账。因此,会计人员工作要进行适当的调整,A 会计记录总账不能同时记录明细账。

2. 三位会计人员工作量不均等,A 会计工作量过大,而 B 会计工作量过小,因此要进行调整。A 会计记录总账、开具退货拒付通知书及调解银行对账单;B 会计记录应付账款明细账和应收账款明细;C 会计记录库存现金及银行存款日记账、开具支票、处理并送存收入的现金。

课外阅读资料

中国内部审计协会简介:中国内部审计协会前身为中国内部审计学会,成立于 1987 年。1998 年经审计署批准,将学会更名为协会,使其成为对企业、事业行政机关和其他事业组织的内审机构进行行业自律管理的全国性社会团体组织。中国内部审计协会依据《中华人民共和国审计法》、《审计署关于内部审计工作的规定》、《中国内部审计协会章程》开展工作。秉承服务、管理、宣传、交流的宗旨,为中国内部审计的规范化建设、理论探索和实践经验的创新、交流、内审人员岗位培训及后续教育、指导内审机构的业务建设、开展国际间的互动学习、提高内审工作的科学技术水平,提供全方位的服务。会员入会条件:(1)团体会员。凡承认本会章程的企业、事业单位和社会团体可申请加入本会。(2)个人会员。内部审计工作者,承认本会章程并具有初级以上技术职称(包括审计、会计、经济、工程、计算机等技术职称)者,都可申请加入本会。特邀个人会员。与内部审计有关的社会知名人士,经理事推荐,理事会讨论通过为本会特邀个人会员。本会经费来源:会费;政府资助;社会资助、捐赠;在核准的业务范围内开展活动或服务的收入、利息、其他合法收入。

复习思考题

一、名词解释

1. 内部控制:
2. 控制环境:
3. 控制活动:
4. 职责分离:
5. 控制测试:

二、简答题

1. 什么是穿行测试,它适用于什么范围?
2. 简述实质性测试与符合性测试的内容及不同。
3. 内部控制评价风险有哪几种,对审计测试程序有没有影响?
4. 内部控制的要素包括哪些?简单叙述其内容。
5. 确定控制测试的性质时应当充分考虑哪些因素?

三、填空题

1. 与财务报告相关的信息系统,包括用以生成____________、____________、____________和____________交易、事项和情况,对相关资产、负债和所有者权益履行经营管理责任的程序和记录。

2. 授权包括一般授权和__________授权，特别授权是指__________。

3. 观察是__________的有效方法。

4. 内部控制包括的要素有：控制环境、__________、__________、__________和对控制的监督。

5. 注册会计师可以考虑针对同一交易同时实施__________和细节测试，以实现双重目的。

四、单项选择题

1. 下列各项属于对内部控制进行控制测试的程序的有(　　)。

A. 重新执行　　B. 观察

C. 审阅　　D. 重新计算

2. 对于期中审计证据，剩余期间越长，需要获取的剩余期间的补充证据(　　)。

A. 越多　　B. 越少

C. 不需要　　D. 与此无关

3. 管理层对是否定期编制银行存款余额调节表进行复核属于(　　)。

A. 控制监督　　B. 信息系统

C. 控制环境　　D. 分析程序

4. 计划从控制测试中获取的保证水平是决定控制测试性质的主要因素之一。计划的保证水平越高，对有关控制运行有效性的审计证据的可靠性要求(　　)。

A. 越高　　B. 越低

C. 彼此无关　　D. 绝对保证

5. 注册会计师在风险评估时对控制运行有效性的拟信赖程度越高，需要实施控制测试的范围(　　)。

A. 越大　　B. 越小

C. 不变　　D. 全部测试

五、多项选择题

1. 了解内部控制包含两层含义(　　)。

A. 评价控制的设计　　B. 评价内部控制的有效性

C. 确定控制是否得到执行　　D. 提出内部控制的改进建议

2. 控制测试的时间含义包含(　　)。

A. 何时实施控制测试　　B. 何时完成控制测试

C. 测试所针对的控制适用的时点或期间　　D. 审计报告提交时间

3. 设计和实施内部控制的责任主体是(　　)。

A. 治理层　　B. 管理层

C. 注册会计师　　D. 企业中的员工

4. 控制环境的构成要素包括：(　　)。

A. 对诚信和道德价值观念的沟通与落实　　B. 对胜任能力的重视

C. 治理层的参与程度　　D. 职权与责任的分配

E. 人力资源政策与实务

5. 注册会计师应当从下列(　　)方面测试控制运行的有效性。

A. 控制不同时点是如何运行的　　B. 控制是否得到一贯执行

C. 控制由谁执行　　D. 控制以何种方式运行

六、案例分析题

某市审计局组成审计小组对本市机械厂 2006 年度财务收支进行审计，审计员张力对该厂存货的内部控制进行了解，设计了调查表格式并提出了关于被审计单位存货内部控制管理的十个问题。

要求：假如你是审计人员对机械厂存货的内部控制管理会提出哪十个问题？

第八章　购货、生产与销售审计

【导读】

通过本章学习，掌握购货、生产和销售各环节业务循环审计的内容，并能运用所学的审计方法进行财务收支的审计。

第一节　购货与付款循环审计

购货与付款循环是指企业从外部采购商品、劳务或其他资产等并支付款项的过程。购货与付款循环审计包括购货与付款循环的特性、购货与付款循环的控制测试及实质性程序、应付账款审计和固定资产审计等内容。

一、购货与付款循环的特性

（一）主要凭证和会计记录

1. 请购单。是由产品制造、资产使用等部门的有关人员填写，送交采购部门，申请购买商品、劳务或其他资产的凭证。

2. 订购单。是由采购部门填写，向另一企业购买订购单上所指定商品、劳务或其他资产的凭证。

3. 验收单。是列示收到的商品、资产的种类和数量等内容的凭证，在收到商品、资产时所编制。

4. 卖方发票。是供应商开具的，交给买方以载明发运的货物或提供的劳务、应付款金额和付款条件等事项的凭证。

5. 付款凭单。是载明已收到商品、资产或接受劳务的厂商、应付款金额和付款日期的凭证。付款凭单是采购方企业内部记录和支付负债的授权证明文件。

6. 转账凭证。是记录转账业务的记账凭证，它是根据有关转账业务的原始凭证编制的。

7. 付款凭证。是用来记录现金和银行存款支出业务的记账凭证。

8. 卖方对账单。是由供货方按月编制的，标明期初余额、本期购买、本期支付给卖方的款项和期末余额的凭证。卖方对账单是供货方对有关业务的陈述。

（二）主要业务活动

1. 购货与付款循环中的主要业务活动有：

（1）请购商品和劳务，编制订购单；

（2）购入商品并验收，进行储存；

（3）编制付款凭单，确认负债或付款，记录现金、银行存款的支出。

2. 购货与付款循环中的主要业务活动流程，如图 8－1 所示。

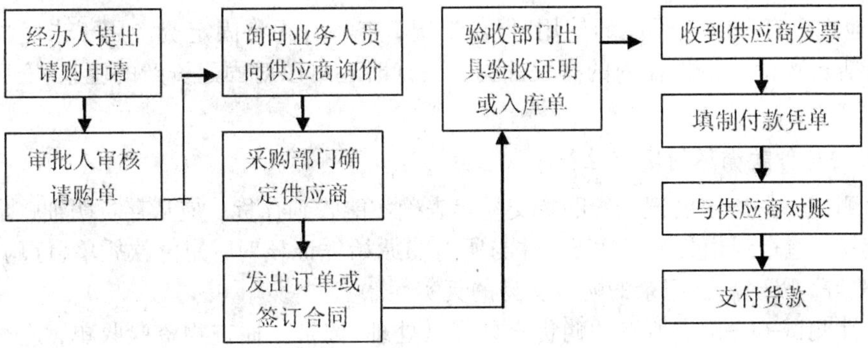

图 8－1 采购与付款循环主要业务活动流程

二、购货与付款循环的控制测试和实质性程序

(一)控制测试

1. 购货交易控制测试

(1)抽取一定数量的订购单(或购货合同)，做如下检查：

① 将订购单与请购单进行核对，核对两者所载明的货物名称、规格、型号、请购数量、单价、合计金额是否一致。

② 检查采购量、采购价格是否经过授权批准。

③ 检查其编号是否连续。

(2)审核与所抽取的订购单有关的购货发票、验收报告、入库单、付款凭单、记账凭证并追查至相应的明细账与总账记录。

(3)抽取付款凭单，检查付款凭单所列内容是否与订购单、验收报告和发票一致。

(4)观察、询问被审计单位工作人员有关验收、存储商品时执行的验收程序，以及与资产接近的情况。

2. 付款交易控制测试

(1)检查付款凭单是否经过主管人员的审核批准。

(2)检查预先编号的支票的使用情况，以确定支票是否按照编号顺序开具。检查已作废的支票是否加盖“作废”戳记并连同存根一起存档。

(3)检查付款凭单在付款后是否被注销。

(4)检查银行对账单与银行存款余额调节表，以获取独立检查的证据。

3. 固定资产控制测试

(1)检查固定资产预算与取得、报废情况是否相符，确定是否存在未经授权的固定资产业务。

(2)检查固定资产维修和保养账户的记录、工作通知单，检查其金额，确定资本性支出与收益性支出的划分标准是否遵循相关会计制度和准则的规定。

(3)抽查应付账款、现金收支、营业外收支等账户和相关凭证，检查有无固定资产增加、报废、出售等业务未曾记入固定资产账；抽查固定资产明细账或登记卡，检查其记录是否完善，包含的信息是否充分。

(4)实地观察有关固定资产的使用、保养情况，查清有无将固定资产用于未经授权的用途，获取包括实物检查报告在内的有关证据。审计时还可以对固定资产的验收、安装等进行控制测试。

(二)采购与付款循环的实质性程序

1. 发生测试——确定已记录的购货交易代表确实能收到存货。应从存货明细账借方抽查大额购货交易，追查到相关记账凭证，并与所附的原始凭证核对，如付款凭单、订购单、验收单、购货发票等，以确定已记录的购货交易的真实性。

2. 完整性测试——确定所有的购货交易都已处理、记录。抽查物资验收单，追查至付款凭单和相关记账凭证及相关资产或费用明细账，以确定已收到的存货是否被记录。

3. 计价测试——确定购货交易以适当的金额被记录。(1) 从存货明细账中抽取大额购货交易进行检查，并追查到相关的原始凭证，核对其记载事项的一致性。这些原始凭证记载都一致，那么，可以认为所有的购货交易都已正确的金额被记录了。(2)抽取已付款发票，验算发票的计算是否准确，并且追查发票价格至订购单，以确定购货交易金额是否正确，复核采购成本的正确性，同时检查应交增值税进项税额是否正确。

[**案例** 8－1]

审计机关在审计某中央企业的材料采购业务时，发现本年内一笔业务的处理如下：从外地购进原材料一批，共 8 500 公斤，价款 300 000 元，运杂费 3 000 元。财会部门将原材料价款计入原材料成本，运杂费记入管理费用。材料入库后，仓库转来材料入库验收单，发现材料短缺 40 公斤，查明是在运输途中的合理损耗。

要求：

(1)根据上述资料，指出企业在材料采购管理中存在的问题。

(2)不考虑增值税的影响，分析审计机关对有关问题的处理办法。

案例分析过程：

(1) 上述资料描述的材料采购业务，财会部门记账在前，仓库部门验收在后，财会部门并不以验收单作为记账依据，这说明该企业未能很好地执行材料记账、验收职责分离控制，不但采购业务容易出错，账簿记录也容易混乱或造成账实不符。

(2) 审计机关可作如下处理：

① 审计机关向被审计单位管理部门提出改进材料采购方法的建议。

② 扩大实质性程序范围，估计错计金额的总额，确定对审计意见的影响。

③ 要求财会部门做出调整。财会部门对材料成本的处理有误，外地运杂费应计入材料采购成本，而不应计入当期的期间费用。应要求企业作如下调整分录：

借：原材料　　　　3 000

　　贷：管理费用　　　　3 000

三、应付账款审计

(一)应付账款的审计目标

1. 确定期末应付账款是否存在；

2. 确定期末应付账款是否为被审计单位应履行的偿还义务；

3. 确定应付账款的发生及偿还记录是否完整，确定应付账款期末余额是否正确；

4. 确定应付账款的的列报与披露是否恰当。

(二)应付账款的实质性程序

1. 获取或编制应付账款明细表，复核加计正确，并与报表数、总账数和明细账合计数核对相符。

2. 选择以下方法执行实质性分析程序:(1) 将期末应付账款余额与期初余额进行比较，分析波动原因。(2) 分析长期挂账的应付账款，要求被审计单位做出解释，判断被审计单位是否缺乏偿债能力或利用应付账款隐瞒利润;并注意其是否可能无须支付，对确实无须支付的应付款的会计处理是否正确，依据是否充分。(3) 计算应付账款与存货的比率，应付账款与流动负债的比率，并与以前年度相关比率对比分析，评价应付账款整体的合理性。(4) 分析存货和营业成本等项目的增减变动，判断应付账款增减变动的合理性。

3. 检查应付账款的余额。检查应付账款是否存在借方余额，如有，应查明原因，必要时建议作重分类调整。

4. 函证应付账款。(1) 函证目的:验证应付账款的完整性或存在性。(2) 函证使用条件:一般情况下，并不必须函证应付账款，这是因为函证不能保证查出未记录的应付账款，况且注册会计师能够取得采购发票等外部凭证来证实应付账款的余额。但如果控制风险较高，某应付账款明细账户金额较大或被审计单位处于财务困难阶段，则应进行应付账款的函证。(3)函证对象:应选择较大金额的债权人，以及那些在资产负债表日金额不大，甚至为零，但为企业重要供货人的债权人作为函证对象。

5. 查找是否存在未入账的应付账款。为了防止企业低估应付账款，注册会计师应检查被审计单位有无故意漏记应付账款行为。

6. 结合其他应付款、预付款等项目的审计，检查有无同时挂账的项目，或有无属于其他应付款的款项，如有应做出记录，必要时，建议被审计单位作重分类调整或会计误差调整。

7. 确定应付账款的列报和披露是否恰当。

[例 8 - 2]

审计机关对某公司的“应付账款”账户进行了审计。审计过程如下：

(1)审查该公司“应付账款”时发现，应支付给供货商强人公司的一笔 5 000 元的应付账款长期挂账，未作账务处理。询问该公司会计人员，证实该笔记录真实。

(2)查证强人公司已破产，无法偿还账款。

(3)建议将此笔 5 000 元的账款作转账处理。调整分录为：

借:应付账款——强人公司　　　　5 000

　　贷:资本公积——其他资本公积　　　　5 000

四、固定资产审计

(一)固定资产的审计目标

1. 确定固定资产是否存在、是否归被审计单位所有或控制；

2. 确定固定资产的计价方法是否恰当；

3. 确定固定资产的折旧政策是否恰当；

4. 确定折旧费用的分摊是否合理、一贯；

5. 确定固定资产减值准备的计提是否充分、完整，方法是否恰当；

6. 确定固定资产、累计折旧和固定资产减值准备的记录是否完整；

7. 确定固定资产、累计折旧和固定资产减值准备的期末余额是否正确；

8. 确定固定资产、累计折旧和固定资产减值准备的披露是否恰当。

(二)固定资产的实质性程序

1. 获取或编制固定资产和累计折旧分类汇总表。

检查固定资产的分类是否正确并与总账数和明细账合计数核对相符，结合累计折旧、减值准备科目与报表数核对相符。其参考格式如表 8－1 所示。

表 8－1　　固定资产和累计折旧分类汇总表

固定资产类别	固定资产				累计折旧					
	期初余额	本期增加	本期减少	期末余额	折旧方法	折旧率	期初余额	本期增加	本期减少	期末余额
合计										

2. 执行分析程序。

(1)分析固定资产的构成及其增减变动情况，与在建工程、现金流量表、生产能力等相关信息交叉复核，检查固定资产相关金额的合理性和准确性；

(2)计算固定资产原值与全年产量的比率，并与以前年度比较，分析其波动原因，可能发现闲置固定资产或已减少固定资产未在账户上注销的问题；

(3)计算本期计提折旧额与固定资产总成本的比率，将此比率同上期比较，旨在发现本期折旧额计算上可能存在的错误。

3. 实地检查重要固定资产。

确定其是否存在，关注是否存在已报废但仍挂账的固定资产，检查的重点是本期新增加的重要固定资产。

4. 检查固定资产的所有权。

审核固定资产的采购发票、采购合同、产权证明、财产税单、抵押借款的还款凭据、运营证件、保险单及有关融资租赁合同，证实各类固定资产的所有权。

5. 检查本期固定资产的增加。

审计固定资产的增加，重点应检查增加固定资产的原始凭证，核对其计价及会计处理是否正确，法律手续是否齐全。

6. 检查本期固定资产的减少。

审计固定资产减少的主要目的就在于查明业已减少的固定资产是否已做适当的会计处

理。主要检查出售、盘亏、转让、报废、毁损、投资转出、固定资产债务重组或非货币性资产交换转出是否经授权批准，会计处理是否正确。

7. 检查固定资产后续支出的核算是否符合规定。

8. 确定固定资产的列报与披露是否恰当。

（三）累计折旧的实质性程序

1. 获取或编制累计折旧分类汇总表，复核加计正确，并与总账数和明细账合计数核对相符。

2. 检查被审计单位制定的折旧政策和方法是否符合相关会计准则的规定。确定其所采用的折旧方法能否在固定资产预计使用寿命内合理分摊其成本。前后期是否一致，预计使用寿命和预计净残值是否合理。

3. 执行实质性分析程序：(1)对折旧计提的总体合理性进行复核；(2)计算本期计提折旧额占固定资产原值的比率，并与上期比较，分析本期折旧计提额的合理性和准确性；(3)评估固定资产的老化程度。

4. 复核本期折旧费用的计提和分配：(1)了解被审计单位的折旧政策是否符合规定，计提折旧范围是否正确，确定的使用寿命、预计净残值和折旧方法是否合理；(2)检查被审计单位折旧政策前后期是否一致；(3)复核本期折旧费用的计提是否正确；(4)检查折旧费用的分配是否合理，是否与上期一致；分配计入各项目的金额占本期全部折旧计提额的比例与上期比较是否有重大差异；(5)注意固定资产增减变动时，有关折旧的会计处理是否符合规定，查明通过更新改造、接受捐赠或融资租入而增加的固定资产折旧费用计算是否正确。

5. 将“累计折旧”账户贷方的本期计提折旧额与相应的成本费用中的折旧费用明细账户的借方相比较，以查明所计提折旧金额是否全部摊入本期产品成本费用。

6. 检查累计折旧的减少是否合理、会计处理是否正确。

7. 检查累计折旧的披露是否恰当。

（四）减值准备的实质性程序

1. 获取或编制固定资产减值准备明细表，复核加计正确，并与总账数和明细账合计数核对相符。

2. 检查固定资产减值准备计提和核销的批准程序，取得书面报告等证明文件。

3. 检查被审计单位计提固定资产减值准备的依据是否充分及会计处理是否正确。

4. 检查资产评估小组的认定是否恰当，计提固定资产减值准备的依据是否充分。会计处理是否正确。

5. 实施实质性分析程序，计算本期末固定资产减值准备占期末固定资产原值的比率，并与期初该比率比较，分析固定资产的质量状况。

6. 检查被审计单位处置固定资产时原计提的减值准备是否同时结转，会计处理是否正确。

7. 检查是否存在转回固定资产减值准备的情况。按照企业会计准则规定，固定资产减值损失一经确认，在以后会计期间不得转回。

8. 确定固定资产减值准备的披露是否恰当。

第二节　生产循环审计

生产循环主要包括存货的管理和生产活动及生产成本的计算等。生产循环审计包括生产循环的特性、生产循环的控制测试及实质性程序、存货审计、主营业务成本审计和应付职工薪酬审计等内容。

一、生产循环的特性

(一)主要凭证和会计记录

1. 生产指令。也称生产任务通知单，是企业下达制造产品等生产任务的凭证，用以通知供应部门组织材料发放、产品生产和会计部门组织成本核算。

2. 领发料凭证。是企业为控制材料发出所采用的各种凭证，如材料发出汇总表、领料单、限额领料单、领料登记簿、退料单等。

3. 产量和工时记录。是登记工人或生产班组出勤内完成产品数量、质量和生产这些产品所耗费工时数量的原始记录。常见的产量和工时记录主要有工作通知单、工序进行单、工作班产量报告单、产量通知单、产量明细表、废品通知单等。

4. 工薪汇总表及工薪费用分配表。它是企业进行工薪费用分配的依据，反映了各生产车间各产品应负担的生产工人工薪及福利费的记录。

5. 材料费用分配表。是用来汇总反映各生产车间各产品所耗费的材料费用的原始记录。

6. 制造费用分配汇总表。是用来汇总反映各生产车间各产品所应负担的制造费用的原始记录。

7. 成本计算单。是用来归集某一成本计算对象所应承担的生产费用，计算该成本计算对象的总成本和单位成本的记录。

8. 存货明细账。是用来反映各种存货增减变动情况和期末库存数量及相关成本信息的会计记录。

(二)主要业务活动

1. 生产循环中的主要业务活动有：

(1)生产计划部门下达生产任务(通知单)，仓库发料；

(2)生产部门将完工产品入库(入库单)，仓库验收；

(3)产成品仓库按销售订单发货(出库单)，会计部门进程核算。

2. 生产循环中的主要业务活动流程，如图 8－2 所示。

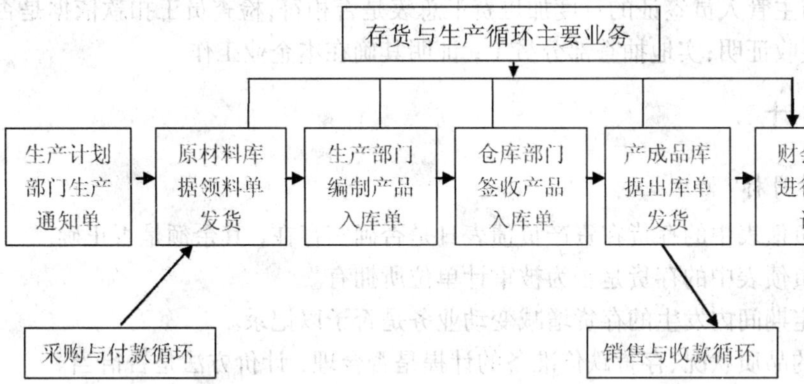

图 8－2　主要业务活动流程图

二、生产循环的控制测试

(一)存货控制的测试

1. 询问和观察被审计单位存货与相关记录的接触及相应的授权批准程序，以验证存货的实物防护措施是否有效，以及存货保管与记录、授权批准职责是否分离。

2. 询问和观察被审计单位的存货盘点程序，以验证是否定期盘点存货并账实核对相符。

(二)成本控制测试

1. 抽查成本计算单。(1)验证成本计算是否正确;(2)审查成本计算单是否附有必要的原始凭证;(3)审查生产通知单、领料单是否经过审批;(4)审查成本计算单中的记录与职工薪酬费用分配表、材料费用分配表和制造费用分配表的记录是否一致。

2. 抽查成本计算的原始凭证。(1)审查这些原始凭证是否连续编号，是否经过审批;(2)从原始凭证追查至成本计算单，检查各种费用的归集、分配是否正确，成本计算是否正确，成本核算流程是否正确。

3. 核对成本计算单与生产成本明细账和总账。主要检查成本计算单、生产成本明细账和总账的记录是否一致。

4. 比较本期和前期的成本计算方法，检查成本计算方法是否一贯。

(三)工薪控制测试

1. 检查岗位、工作时间、薪金制度、职工薪酬结算等的授权审批;人事、考勤、工薪发放、记录等职务的相互分离。

2. 抽取若干月份的工薪汇总表，检查工薪汇总表是否经授权批准;检查应付职工薪酬总额与人工费用分配汇总表中的合计数是否相符;检查代扣款项的账务处理是否正确;检查实发工薪总额与银行付款凭单及银行对账单是否相符，并正确过入相关账户。

3. 从工资单中选取若干样本，检查员工工薪卡或人事档案，确保工薪发放有依据;检查员工工资率及实发工薪额的计算;检查实际工时统计记录与职工个人钟点卡是否相符;检查员工加班加点记录与主管人员签证的月度加班费汇总表是否相符；检查员工扣款依据是否正确；检查员工的工薪签收证明；实地抽查部分员工，证明其确在本企业工作。

三、存货审计

(一)存货审计目标

1. 确定资产负债表中的存货在资产负债表日是否确实存在，其余额是否正确。

2. 确定资产负债表中的存货是否为被审计单位所拥有。

3. 确定在特定期间内发生的存货增减变动业务是否予以记录。

4. 确定存货的品质状况、存货跌价准备的计提是否合理，计价方法是否恰当。

5. 确定存货在财务报表上的列报与披露是否恰当。

(二)存货实质性程序

1. 存货监盘程序

(1)观察程序。在被审计单位盘点存货前，注册会计师应当观察盘点现场，确定应纳入盘点范围的存货是否已经适当整理和排列，并附有盘点标识，防止遗漏或重复盘点。对未纳入盘点范围的存货，注册会计师应当查明未纳入的原因。注册会计师应当观察被审计单位盘点人员是否遵守盘点计划并准确地记录存货的数量和状况。当发现重大盘点错误时，考虑扩大监盘范围。

(2) 检查程序。注册会计师应当对已盘点的存货进行适当检查，将检查结果与被审计单位盘点记录相核对，并形成相应记录。需要注意的是，注册会计师应避免让被审计单位预见到将检查的存货项目。如果检查时发现差异，注册会计师应当查明原因，及时提请被审计单位更正。如果差异较大，注册会计师应当扩大检查范围或提请被审计单位重新盘点。

2. 存货计价测试

检查发出存货的计价方法前后期是否一贯，并复核其计算是否正确。将测试结果与账面记录对比，编制对比分析表，分析形成差异的原因。若存货以计划成本计价，还应检查“材料成本差异”账户的发生额、转销额是否正确，以及年末余额是否正确。

另外，注册会计师应获取存货盘盈盘亏调整和损失处理记录，对于重大存货盘盈盘亏和损失情况，应查明原因，相关的会计处理是否经授权审批，是否正确及时地入账。

3. 存货截止测试

存货截止测试，就是检查截止到资产负债表日(12 月 31 日)已记录，并已包括在 12 月 31 日存货盘点范围内的存货，是否含有尚未购入或者已售出的部分。即检查有无跨期现象。存货截止测试的关键是检查存货实物纳入盘点范围的时间与存货引起的借贷会计科目的入账时间是否处于同一会计期间。

4. 存货的列报与披露

注意判断低值易耗品与固定资产的划分依据是否合理；注意附注披露是否恰当、完整，如存货的主要类别是否披露，存货成本核算方法是否在附注中恰当说明。

[**案例** 8 – 3]

审计人员在对某公司存货进行审计时，发现一笔摘要为“材料盘亏”的经济业务，会计分录为：

借：生产成本 8 000

贷：原材料——甲材料 5 000

——乙材料 2 000

——丙材料 1 000

该记账凭证所附的原始凭证为盘点表一张。

案例分析过程：

审计人员对记账凭证中盘亏材料计入产品成本很疑惑，并且盘亏时原材料的进项税额应该及时转出。审计人员通过调查了解获知，5 000 元的甲材料是专项工程暂用的；2 000 元的乙材料是主管部门“借用”的，根本就不想归还，又不允许财务部门在账上体现；还有 1 000 元的丙材料实际并不缺少，目的是核销后变卖，仓储部门用于应酬招待。

审计人员认为被审计单位存货管理存在问题，对相关人员要进行批评和教育，并要求对其账项进行调整。

借：在建工程 5 850

贷：生产成本 5 000

应交税费——应交增值税（进项税额转出） 850

将主管部门“借用”的材料按销售入账。

借：应收账款 2340

贷：生产成本 2 000

应交税费——应交增值税（销项税额） 340

将虚假的盘亏更正过来。

借：原材料——丙材料 1 000

贷：生产成本 1 000

四、主营业务成本审计

1. 获取或编制主营业务成本明细账，复核加计是否正确，并与报表数、总账数和明细账合计数核对相符。

2. 编制生产成本及主营业务成本倒轧表，并与总账核对是否相符。

3. 检查主营业务成本的内容和计算方法是否符合有关规定，前后期是否一贯。尤其应注意发生商品的计价方法是否恰当，有无随意变更。

4. 对主营业务成本执行实质性分析程序，检查本期内各月间及前期同一产品的单位成本是否存在异常波动，是否存在调节成本的现象。

5. 抽取若干月份的主营业务成本结转明细清单，检查销售成本结转数额的正确性，并将计入主营业务成本的商品品种、规格、数量与计入主营业务收入的口径是否一致，是否符合配比原则。

6. 检查主营业务成本中重大调整事项（如调整退回）的会计处理是否正确。

7. 在采用计划成本、定额成本、标准成本或售价核算存货的情况下，检查产品成本差异或商品进销差价的计算、分配和会计处理是否正确。

8. 确定主营业务成本的列报与披露是否恰当。

[案例 8－4]

审计人员对某公司 2006 年报表进行审计。该公司利润表“主营业务成本”列示数额为 6 020 000 元，经审计发现，该公司产品实行加权平均法，在对产成品进行计价测试时发现 11 月份甲产品少结转成本 540 000 元，应作调整分录。

审计人员建议编制调整分录如下：

借:主营业务成本——甲产品　　540 000

　贷:库存商品——甲产品　　540 000

五、应付职工薪酬审计

1. 获取或编制应付职工薪酬明细表，复核加计正确，并与报表数、总账数和明细账合计数核对相符；

2. 检查各月职工薪酬的发生额是否存在异常波动，若有，应查明波动原因并做出记录；

3. 将本期职工薪酬总额与上期进行比较，要求被审计单位解释大幅增减变动的原因，并取得被审计单位管理层关于职工薪酬标准的决议；

4. 了解被审计单位本期平均职工人数，计算人均薪酬水平，与上期或同行业水平进行比较；

5. 检查本项目的核算内容是否包括工资、职工福利、社会保险费、住房公积金、工会经费、职工教育经费、解除职工劳动关系补偿、股份支付等明细项目；

6. 检查职工薪酬的计提是否正确，分配方法是否合理，与上期是否一致，分配计入各项目的金额占本期全部职工薪酬的比例与上期比较是否有重大差异。将应付职工薪酬计提数与相关科目进行勾稽；

7. 检查应付职工薪酬的计量和确认；

8. 审阅应付职工薪酬明细账，抽查应付职工薪酬各明细项目的支付和使用情况，检查是否符合有关规定，是否履行审批程序；

9. 检查应付职工薪酬期末余额中是否存在拖欠性质的职工薪酬，了解拖欠的原因；

10. 检查被审计单位的辞退福利核算是否符合有关规定；

11. 确定应付职工薪酬的披露是否恰当。

应付职工薪酬的计量和确认:(1)国家有规定计提基础和计提比例的，应当按照国家规定的标准计提，如医疗保险费、养老保险费、失业保险费、工伤保险费、生育保险费、住房公积金、工会经费以及职工教育经费等;国家没有规定计提基础和计提比例的，如职工福利费等，应按实列支。(2)被审计单位以其自产产品或以外购商品作为非货币性福利提供给职工的，应根据受益对象，将该产品或商品的公允价值，计入相关资产成本或当期损益，同时确认应付职工薪酬。(3)被审计单位将其拥有的房屋等资产无偿提供给职工使用的，应当根据受益对象，将该住房每期应计提的折旧计入相关资产成本或当期损益，同时确认应付职工薪酬。(4)被审计单位租赁住房等资产供职工无偿使用的，应当根据受益对象，将每期应付的租金计入相关资产成本当期损益，同时确认应付职工薪酬。

第三节 销售与收款循环审计

销售与收款循环是指企业向顾客销售商品或提供劳务，并收回款项的过程。销售与收款循环审计包括销售与收款循环的特性、销售与收款循环的控制测试及实质性程序、主营业务收入审计、应收账款审计和坏账准备审计等内容。

一、销售与收款循环的特性

（一）主要凭证和会计记录

1. 顾客订货单。是顾客提出的书面购货要求的凭证。可以采取电话、信函等方式进行订货。

2. 销售单。是列示顾客所订商品的名称、规格、数量以及其他与顾客订货单有关信息的凭证，作为销售方内部处理顾客订货单的依据。

3. 发运凭证。是反映发出商品的规格、数量和其他有关内容的凭据。在发运货物时所编制的凭证。

4. 销售发票。是用来表明已销售商品的规格、数量、价格、销售金额、运费和保险费、开票日期、付款条件等内容的凭证。

5. 商品价目表。是列示已经授权批准的、可供销售的各种商品价格清单的一种凭证。

6. 贷项通知单。是用来表示由于销售退回或经批准的折让而引起的应收销货款减少的凭证。其格式通常与销售发票的格式相同，用来证明应收账款的减少。

7. 汇款通知书。是与销售发票一起寄给顾客，由顾客在付款时再寄回销售单位的凭证。

8. 坏账审批表。是一种用来批准将某些应收款项注销为坏账的，仅在企业内部使用的凭证。

9. 顾客月末对账单。是一种按月定期寄送给顾客的用于购销双方定期核对账目的凭证。

（二）主要业务活动

1. 销售与收款循环的主要业务活动有：

（1）接受顾客订货（订单），填写销售单；

（2）销售审批，发货（销售发票）给顾客；

（3）记录销售业务，收款或催款。

2. 销售与收款循环的主要业务活动流程，如图 8－3 所示。

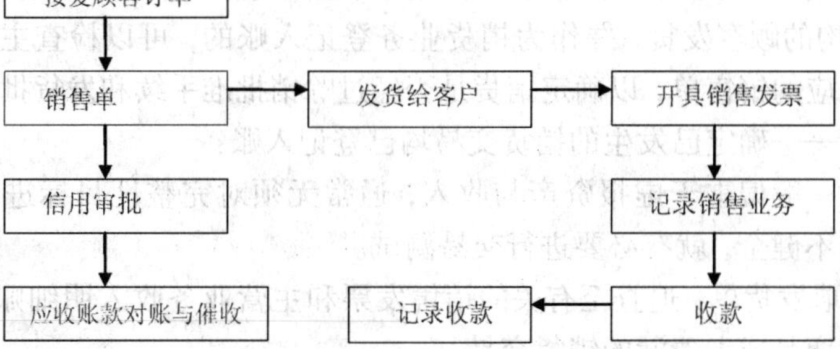

图 8－3 销售与收款循环的主要业务活动流程

二、销售与收款循环的控制测试和实质性程序

(一)销售与收款循环的控制测试

1. 适当的职责分离

适当的职责分离有助于防止各种有意或无意的错误,是防止舞弊的一项重要控制。

2. 正确的授权审批

审计时，应当关注以下四个关键点上的审批程序

(1)在销售发生之前，赊销已经正确审批；

(2)非经正当审批，不得发出货物；

(3)销售价格、销售条件、运费、折扣等必须经过审批；

(4)审批人应当根据销售与收款授权批准制度的规定，在授权范围内进行审批，不得超越审批权限。对于超过单位既定销售政策和信用政策规定范围的特殊销售交易，单位应当进行集体决策。

3. 充分的凭证和记录

只有具备充分的记录手续，才有可能实现其他各项控制目标。

4. 凭证的预先编号

对凭证预先进行编号，目的在于防止销售以后忘记向顾客开具账单或登记入账，也可防止重复开具账单或重复记账。

5. 按月寄出对账单

由不负责现金出纳和销售及应收账款记账的人员按月向顾客寄发对账单，能促使顾客在发现应付账款余额不正确后及时反馈有关信息。

6. 内部核查程序

审计时，可以通过检查内部审计人员的报告，或其他独立人员在他们核查的凭证上的签字等方法实施控制测试。

(二)销售与收款循环的实质性程序

1. 发生测试——确定已登记入账的销货交易是真实的：

(1)对于未曾发货却将销货业务登记入账的，可以从主营业务收入明细账中抽取几笔分录，追查有无发运凭证及其他佐证凭证。

(2)对于销货业务重复入账的，可检查销货交易记录清单以确定是否存在重号、缺号。

(3)对于向虚构的顾客发货，并作为销货业务登记入账的，可以检查主营业务收入明细账中与销货分录相应的销售单，以确定销货是否经过赊销批准手续和发货批准手续。

2. 完整性测试——确定已发生的销货交易均已登记入账：

销货业务审计一般偏重于虚报资产与收入，通常无须对完整性目标进行交易实质性测试。但若内部控制不健全，就有必要进行交易测试。

对此，可从抽取发货单，追查至有关的销售发票和主营业务收入明细账，以发现是否存在未开发票的发运商品或者遗漏的销货交易。

3. 计价测试——确定已登记入账的销货交易计价准确：

(1)以主营业务收入明细账为起点，将所选择的交易金额与应收账款明细账和销售发票进行核对。

(2)将销售发票上的单价与经过批准的商品价目表进行比较，并结合销售合同中的特殊条款，如折扣，确定销售计价是否正确，看有无低价或高价结算以转移收入的现象。

(3)重新计算销售发票金额小计和合计，同时检查增值税销项税额的计算是否正确。

(4)检查销售发票列出的商品品名、规格、数量、单价、金额和顾客代号等，与装运单、顾客订单、销售单和销售合同核对，看是否相符。

三、主营业务收入审计

(一)主营业务收入审计目标

1. 确定记录的主营业务收入是否已发生，且与被审计单位有关；

2. 确定主营业务收入记录是否完整；

3. 确定与主营业务收入有关的金额及其他数据是否已恰当记录，包括对销售退回、销售折扣与折让的处理是否适当；

4. 确定主营业务收入是否已记录于正确的会计期间；

5. 确定主营业务收入的内容是否正确，披露是否恰当。

(二)主营业务收入实质性程序

1. 取得或编制主营业务收入明细表，复核加计正确，并与总账数和明细账合计数核对相符。

2. 查明主营业务收入的确认原则、方法，注意是否符合企业会计准则和会计制度规定的收入实现条件，前后期是否一致。特别关注周期性、偶然性的收入是否符合既定的收入确认原则和方法。

3. 执行分析性复核程序:(1)将本期与上期的主营业务收入进行比较，分析产品销售的结构和价格的变动是否正常，并分析异常变动的原因;(2)比较本期各月各种主营业务收入的波动情况，分析其变动趋势是否正常。是否符合被审计单位季节性、周期性的经营规律，并查明异常现象和重大波动的原因;(3)计算本期重要产品的毛利率，分析比较本期与上期同类产品毛利率变化情况，注意收入与成本是否配比。并查清重大波动和异常情况的原因;(4)计算对重要客户的销售额及产品毛利率，分析比较本期与上期有无异常变化;(5)将上述分析结果与同行业企业本期相关资料进行对比分析，检查是否存在异常。

4. 对主营业务收入实施截止测试。其目的主要在于确定被审计单位主营业务收入的会计记录归属期是否正确:应记入本期或下期的主营业务收入有否被推延至下期或提前至本期。

5. 结合对资产负债表日应收账款的函证程序，检查有无未经顾客认可的巨额销售。

6. 检查销售折扣、销售退回与折让业务是否真实，内容是否完整，相关手续是否符合规定，折扣与折让的计算和会计处理是否正确。

[**案例**8－5]

审计人员对某公司的主营业务收入进行审计。在抽查会计凭证时，发现2007年12月20日该公司将一批甲产品卖给了大和公司，价款为200万元，增值税率为17%，成本为150万元，款未收。做如下会计处理：

借：应收账款——大和公司　　2 340 000

　贷：主营业务收入　　2 000 000

　　　应交税费——应交增值税——销项税额　　340 000

借：主营业务成本　　1 500 000

　贷：库存商品　　1 500 000

审计人员通过询问、检查合同，确认发给大和公司的货物属于委托代销，且本期尚未收到代销清单，不应确认该笔收入。因而，审计人员建议，应编制调整分录：

借：主营业务收入　　2 000 000

　　应交税费——应交增值税——销项税额　　340 000

　贷：应收账款——大和公司　　2 340 000

借：委托代销商品——大和公司　　1 500 000

　贷：主营业务成本　　1 500 000

四、应收账款审计

（一）应收账款和坏账准备的审计目标

1. 确定应收账款是否已存在；
2. 确定应收账款是否归被审计单位所有；
3. 确定应收账款及其坏账准备的记录是否完整；
4. 确定应收账款是否可回收，坏账准备的计提方法和比例是否恰当，计提是否充分；
5. 确定应收账款及其坏账准备期末余额是否正确；
6. 确定应收账款及其坏账准备的列报是否恰当。

（二）应收账款和坏账准备的实质性程序

1. 取得或编制应收账款明细表

（1）复核加计正确，并与总账数和明细账合计数核对相符；结合坏账准备科目与报表数核对相符。

（2）检查应收账款账龄分析是否正确。可以通过编制或索取应收账款账龄分析表来分析应收账款的账龄，以便了解应收账款的可收回性。应收账款账龄分析表如表 8－2 所示。

表 8－2　　应收账款账龄分析表

顾客姓名	期末余额	账龄			
		1 年以内	1～2 年	2～3 年	3 年以上
合计					

2. 对应收账款实施实质性分析程序

(1)复核应收账款借方累计发生额与主营业务收入是否配比，如存在不匹配的情况应查明原因；

(2)在明细表上标注重要客户，并编制对重要客户的应收账款增减变动表，与上期比较分析是否发生变动，必要时，收集客户资料分析其变动合理性；

(3)计算应收账款周转率，应收账款周转天数等指标，并与被审计单位上年指标、同行业同期相关指标对比分析，检查是否存在重大异常。

3. 向债务人函证应收账款

(1)函证的目的

函证应收账款的目的在于证实应收账款账户余额的真实性、正确性，防止或发现被审计单位及其有关人员在销售交易中发生的错误或舞弊行为。通过函证应收账款，可以比较有效地证明被询证者(即债务人)的存在和被审计单位记录的可靠性。

(2)函证的范围和对象

除非有充分证据表明应收账款对被审计单位财务报表而言是不重要的，或者函证很可能是无效的，否则，注册会计师应当对应收账款进行函证。

一般情况下，注册会计师应选择以下项目作为函证对象：大额或账龄较长的项目；与债务人发生纠纷的项目；关联方项目；主要客户(包括关系密切的客户)项目；交易频繁但期末余额较小甚至余额为零的项目；可能产生重大错报或舞弊的非正常的项目。

4. 检查未函证的应收账款

对于未函证的应收账款，审计时应抽查与销售有关的文件，如销售合同、顾客订单、销售发票副本及装运单等，以验证这些应收账款的真实性。

5. 检查坏账的确认和处理。

6. 检查长期挂账的应收账款。

7. 分析应收账款明细账余额。

8. 确定应收账款列报与披露是否恰当。

[**案例** 8－6]

ABC 公司 2007 年度资产负债表中应收账款的数额为 1 652 000 元，与应收账款总账余额相符。经审计发现应收账款明细账中 C 公司有贷方余额 180 000 元，经查系 C 公司的预付货款，尚未履行供货合同。根据重分类调整，该公司按应收账款余额的 0.5% 计提坏账准备，调整分录为：

借：应收账款——C 公司　　　　180 000
　　贷：预收账款——C 公司　　　　180 000
借：资产减值损失——计提的坏账准备　　900
　　贷：坏账准备　　　　900

五、坏账准备审计

1. 取得或编制坏账准备明细表，复核加计正确，与坏账准备总账数、明细账合计数核对相符；

2. 将应收账款坏账准备本期计提数与资产减值损失相应明细项目的发生额核对相符；

3. 检查应收账款坏账准备计提和核销的批准程序，评价坏账准备所依据的资料、假设及计提方法；

4. 实际发生坏账损失的，检查转销依据是否符合有关规定，会计处理是否正确；

5. 确定应收账款坏账准备的列报与披露是否恰当。

课外阅读资料

国际内部审计师协会:是世界范围的内部审计师组织，是全球CIA考试的组织者。该协会1941年成立于美国纽约，在联合国经济和社会开发署享有顾问地位，是最高审计机关国际组织的常任观察员，是国际政府财政管理委员会、国际会计师联合会的团体会员。协会现有196个分会，分布在100多个国家和地区。中国内部审计学会1987年加入该协会，成为国家分会。协会现有全球会员7万多人。自1974年起在全球指定地点举行注册内部审计师资格考试，授予"注册内部审计师"称号。1998年中国内审协会与IIA签定协议，将IIA在国际上举办的国际注册内部审计师考试引入中国，并取得成功，目前在全国已设有4个考点。

● 复习思考题

一、名词解释

1. 货项通知单：

2. 存货监盘：

3. 生产指令：

4. 成本计算单：

5. 请购单：

二、简答题

1. 销售与收款环节主要有哪些业务活动？

2. 执行主营业务收入分析性复核程序时可以采用哪些方法？

3. 如何执行存货的监盘程序？

4. 你认为审计人员函证应付账款和函证应收账款一样吗？为什么？

5. 如何对固定资产执行实质性分析程序？

三、判断题

1. 企业规定赊销、发货均须经审批，主要目的在于保证销货业务按照企业定价政策规定的价格开票、收款。(　　)

2. 审计人员在审计D公司年度财务报表时，注意到与购货和付款循环相关的内部控制存在缺陷。他们认为D公司管理层在资产负债表日故意推迟记录发生的应付账款，于是决定实施审计程序进一步查找未入账的应付账款。(　　)

3. 抽查是存货监盘程序的主要内容。为了确保抽查程序的顺利实施，编制监盘计划时，审计小组应就抽查范围与被审计单位进行充分的沟通。(　　)

4. 为了提高企业的工作效率，合理安排人员工作，企业存货的验收、保管、清查及处置最好由一人执行。(　　)

5. 审计人员在对存货实施抽查程序前，应将抽查的范围告知被审计单位盘点人员，以便

得到对方的支持。( )

四、单项选择题

1. 为验证被审计单位是否存在产品已发货、漏记销售业务，审计人员应将( )核对。

A. 发货单与销售发票存根

B. 销售合同与销售发票

C. 发货单、销售发票存根与销售收入明细账

D. 销售发票存根与销售收入明细账

2. 某公司的会计记录显示:2005 年 12 月某类存货销售激增，导致该类存货库存下降为零。审计人员对该类存货采取的以下措施中，难以发现可能存在虚假销售的是( )。

A. 计算该类存货 2005 年 12 月的毛利率，并与以前月份的毛利率进行比较

B. 进行销货截止测试

C. 仍将该类存货列入监盘范围

D. 选择 2005 年 12 月大额销售客户寄发询证函

3. 为提高函证应收账款所得证据的可靠性，函证的时间最好安排在被审计年度的( )。

A. 年中　　　　B. 资产负债表日临近

C. 年初　　　　D. 外勤工作结束日

4. 一般而言，对凭证进行连续编号是被审计单位购货业务的一项重要的内部控制措施。但对于部门较多的被审计单位，一般并不对( )进行连续编号。

A. 请购单　　　　B. 订购单

C. 验收单　　　　D. 付款单

5. 审计人员在测试某公司 2006 年度应付账款项目的相关内部控制时，察觉到该公司的内部控制难以保障应付账款项目的完整性。为证实该公司是否存在未入账的应付账款业务，审计人员应结合以下( )程序进行实质性测试。

A. 主营业务收入的实质性分析

B. 存货的监盘

C. 主营业务成本的核算

D. 短期投资的函证

五、案例分析题

1. 审计人员审查某企业 × 月份固定资产、累计折旧、固定资产清理等明细账及相关凭证时发现:2 日购入不需要安装设备一台，以银行存款支付设备买价 36 000 元，增值税 6 120 元，运杂费 390 元，立即投入安装。作:

借:固定资产　　　　36 390

　应交税费——应交增值税　　6 120

　贷:银行存款　　　　42 510

问上述固定资产入账处理正确吗?，如何做调整分录?

2. 某企业接受其他单位投资转入固定资产一项，投出单位账面价值为 100 000 元，已提折旧 30 000 元，审计人员在审计中发现，该企业对投资转入的固定资产经双方确认价值为 80 000 元(假定无相关税费)，其账面记录为:

借:固定资产　　100 000
　贷:累计折旧　　20 000
　　资本公积　　10 000
　　实收资本　　70 000

要求:审核该企业的投入资本业务,指出存在问题并加以改正。

3. 审计人员对ABC公司2006年12月31日资产负债表进行审计,发现"应付账款"项目列示数额为540 000元,其中应付天河公司明细账户借方余额为400 000元,属于正常经济业务往来款项;应付凯利公司明细账户贷方余额为500 000元,为被审计单位临时借入款项,用于结算工程价款。请分析上述两笔款项的性质,若有错误,请编制调整分录。

4. ABC会计师事务所的注册会计师郑明受托负责对X股份有限公司2006年度财务报表的审计。在审计时,郑明遇到如下困难:

(1)指出购入存货截止的日期和购入截止测试的关键。

(2)在审计应收账款时,选择了一些客户发函询证,以证实X公司应收账款的真实性,但某些应收账款最终未获得回函,问可采用何种替代程序?

(3)至2006年末,X公司有一项应付账款10 000元,挂账时间已近3年。注册会计师郑明了解,该应付账款为X公司从某国的U公司赊购少量特种化工原料所引起的。后来因某国陷于战争。X公司一直无法与U公司取得联系,致使款项无法支付,问应怎样处理?

第九章　审计报告和管理建议书

【导读】

通过本章的学习，了解审计报告的概念、内容、撰写步骤及审批程序；了解管理建议书内容及编写要求。

第一节　审计报告

一、审计报告概述

审计报告是指审计人员在审计工作终结阶段，将审计任务完成情况和审计结果向委托人或授权人所作的书面报告。《中国注册会计师审计准则第1501号——审计报告》中审计报告是注册会计师在实施审计工作的基础上对被审计单位财务报表发表审计意见的书面文件。

它是整个审计工作的重要组成部分，是审计工作的最终成果并具有法律效力的证明性文件。审计报告质量好坏直接影响到对被审计单位的全面、客观、公正的评价。

(一)审计报告的作用

1. 客观地反映被审计单位的经济活动

审计报告是审计人员以独立的第三者身份根据被审计单位经济活动及经营成果而撰写的。审计机构要及其人员与委托人或授权人及被审计单位没有经济或其他利害关系，审计报告能够客观、公正地反映被审计单位的经济活动及其结果。

2. 正确的评价被审计单位的经营成果

审计报告撰写完成后，经过审计小组及领导审批，还要向被审计单位征求意见方可定稿。审计报告阐述的内容真实、客观，对被审计单位经营活动及成果的评价准确、公正。

3. 如实的衡量审计人员的工作质量

审计人员对被审计单位进行审计时，按法律法规及审计准则、制度要求进行审计，获取相关审计证据和审计工作底稿及附件材料，对被审计单位的反映、评价、建议及作出的审计决定都有依有据，因此，审计报告是衡量审计人员工作质量的尺度。

4. 准确地提供审计信息

审计报告内容完整、真实、客观、公正，记录被审计单位的经济活动及经营成果的情况，为相关部门(股东、债权人、财政、税务等)提供了大量的审计资料和信息，同时也为审计部门积累了重要的审计资料。

(二)审计报告的种类

1. 审计报告按编写的主体不同分类

(1)国家审计报告：也称为政府审计报告，是由国家审计机关指派审计人员对被审计单位实施审计后提出的审计报告。它具有很高的权威性，其审计多为强制性审计。

(2)内部审计报告:也称部门审计报告，是由内部审计机构指派内部审计人员对本部门或单位进行审计后签发的审计报告，它对外不具有法律效力。

(3)民间审计报告:也称注册会计师审计报告，是由会计师事务所指派注册会计师对被审计单位进行审计后发表的审计意见，具有法定的证明效力。

2. 审计报告按其内容不同分类

(1)财政审计报告;

(2)财务审计报告;

(3)财经法纪审计报告;

(4)经济效益审计报告。

3. 审计报告按其详细程度不同分类

(1)简式审计报告:是审计人员简略说明审计过程、审计结果和表达审计意见的审计报告。一般为社会审计组织对外发表审计意见所采用，内容概括，语言简洁。

(2)详式审计报告;是审计人员详细说明审计过程、审计结果和表达审计意见的审计报告。一般来说，内部审计报告和国家审计报告属于此种审计报告。

4. 审计报告按其性质不同分类

(1)标准审计报告:在内容、格式和措辞等方面具有统一规范和标准的审计报告，它一般适用于对外公布目的。民间审计报告中的无保留意见是属于标准审计报告。

(2)非标准审计报告:在内容、格式和措辞等方面不具有统一规范和标准的审计报告，而是根据具体审计项目问题决定的审计报告，一般适用于非对外公布目的。民间审计报告中的保留意见等属于此种审计报告。

(三)审计报告编写要求

编写各类审计报告时应符合下列基本要求:

1. 语言简练、表达准确。审计报告是非常严肃的实用文体，叙述要清楚，用词要得当，不可使用模棱两可的文字和夸张的语言，做到有话即长，无话即短，便于使用者的理解。

2. 内容完整、证据确凿。审计报告应全面反映审计人员对被审计单位审计的情况及结果，并附有大量的审计证据作为佐证，要事实清楚，具有说服力。

3. 格式规范、责任到位。不同种类的审计报告，其格式不尽相同，因此，编写审计报告应选用不同的审计报告格式，以便使用者清晰明了。在审计报告中必须明确审计责任和会计责任，审计责任不能替代或减轻被审计单位会计责任，区分两者的责任，责任清楚。

二、国家审计报告

(一)国家审计报告的基本要素

1. 标题。统一表述为“审计报告”。

2. 编号。一般表述为“×××年第××号”。

3. 被审计单位名称。

4. 审计项目名称。一般表述为“×××年度×××××审计”。

5. 内容。有简洁的内容，也有详细的内容。

6. 出具单位。即派出审计组的审计机关。

7. 签发日期。

（二）审计报告的内容

1. 审计依据。即实施审计所依据的法律、法规、规章的具体规定。

2. 被审计单位的基本情况。包括被审计单位的经济性质、管理体制、财政、财务隶属关系或者国有资产监督管理关系，以及财政收支、财务收支状况等。

3. 被审计单位的会计责任。一般表述为被审计单位应对其提供的与审计相关的会计资料、其他证明材料的真实性和完整性负责。

4. 实施审计的基本情况。一般包括审计范围、审计方式和审计实施的起止时间。审计范围应说明审计所涉及的被审计单位财政收支、财务收支所属的会计期间和有关审计事项。

5. 审计评价意见。即根据不同的审计目标，以审计结果为基础，对被审计单位财政收支、财务收支真实、合法和效益情况发表评价意见。

发表审计评价意见应运用审计人员的专业判断，并考虑重要性水平、可接受的审计风险、审计发现问题的数额大小、性质和情节等因素。

审计机关只对所审计的事项发表审计评价意见。对审计过程中未涉及、审计证据不充分、评价依据或者标准不明确以及超越审计职责范围的事项，不发表审计评价意见。

6. 审计查出的被审计单位违反国家规定的财政收支、财务收支行为的事实和定性、处理处罚决定，以及法律、法规、规章依据，有关移送处理的决定。

7. 必要时可以对被审计单位提出改进财政收支、财务收支管理的意见和建议。

（三）审计机关出具审计报告的程序

1. 审计组组长审核

审计组对审计事项实施审计后，应当提出审计报告，审计报告需经审计组组长审核。审计组组长对其提出的审计报告的真实性和完整性负责；对审计工作底稿记录的重大问题不予反映或者不如实反映的，审计报告反映的问题严重失实的承担责任。

2. 征求被审计单位意见

审计报告经审计组组长审核后，送达被审计单位征求意见。被审计单位对征求意见的审计报告有异议的，审计组应当进行核实，并作出书面说明。必要时，应当修改审计报告。被审计单位自收到审计报告之日起十日内没有提出书面意见的，视同无异议，并由审计人员予以注明。征求意见的审计报告应予保留。

3. 审计组所在部门复核

审计组应当将审计报告、被审计单位对审计报告的书面意见、审计组的书面说明、审计实施方案、审计工作底稿、审计证据以及其他有关材料，报审计组所在部门复核。

审计组所在部门应当对下列事项进行复核，并提出书面复核意见：

①审计实施方案确定的审计目标是否实现；

②事实是否清楚；

③审计证据是否充分；

④适用法律、法规、规章是否正确；

⑤评价、定性、处理、处罚和移送处理是否恰当；

⑥其他需要复核的事项。

审计组所在部门对审计报告进行复核后，代拟审计机关的审计报告。

审计组所在部门负责人对其代拟的审计报告的恰当性负责；对审计组提出的审计报告中记录的重大问题隐瞒不报或者不如实反映的，其代拟的审计报告反映的事实严重失实的承担责任。

4. 法制工作机构复核

审计组所在部门应当将其代拟的审计报告、被审计单位对审计报告的书面意见以及其他有关材料报送法制工作机构复核。

法制工作机构应当对下列事项进行复核：

①主要事实的表述是否清楚；

②适用法律、法规、规章是否正确；

③评价、定性、处理、处罚和移送处理是否恰当；

④审计程序是否符合规定；

⑤其他需要复核的事项。

法制工作机构应当在规定的期限内提出复核意见，出具复核意见书。

法制工作机构负责人和复核人员对其复核意见的恰当性负责；对审计报告中存在的定性不准确、适用法律、法规、规章不正确、处理处罚不当问题应当发现而没有发现，造成严重后果的行为承担责任。

5. 分管领导签发

审计组所在部门应当将代拟的审计报告和法制工作机构的复核意见书、报送审计机关分管领导。审计机关分管领导对审计机关出具的审计报告负责。

一般审计项目的审计报告，由审计机关分管领导召开小型审计业务会议讨论审定。参加人员包括审计机关分管领导、审计组所在部门负责人、法制工作机构负责人、审计组组长和其他有关人员。

重要审计项目的审计报告，由审计机关分管领导提议，经审计机关主要负责人或其指定的其他负责人同意后，召开审计业务会议讨论审定。参加人员包括审计机关负责人、审计组所在部门和法制工作机构的负责人、审计组组长、有关专家和其他有关人员。审计业务会议应当在充分讨论的基础上形成审计业务会议决定。

审计组所在部门负责审计业务会议的记录工作，并根据审计业务会议决定修改审计报告。

审计组所在部门应当将审计报告报送审计机关分管领导或者主要负责人签发。

6. 审计报告的出具

审计机关应当在规定期限内将出具的审计报告送达被审计单位和有关单位。

审计机关实行审计结果公告制度，可以依照有关规定向社会公布审计报告。审计机关公布审计报告，应当依法保守国家秘密和被审计单位的商业秘密，遵守国家的有关规定。

三、民间审计报告

(一)民间审计报告的要素及内容

1. 标题。审计报告的标题应当统一规范为“审计报告”。

2. 收件人。审计报告的收件人是指注册会计师按照业务约定书的要求致送审计报告的对象，一般是指审计业务的委托人。审计报告应当载明收件人的全称。审计报告的致送对象通常为被审计单位的全体股东或董事会。

3. 引言段。审计报告的引言段应当说明被审计单位的名称和财务报表已经过审计，并包括下列内容：

①指出构成整套财务报表的每张财务报表的名称。根据企业会计准则规定，整套财务报表的每张财务报表的名称分别为资产负债表、利润表、所有者(股东)权益变动表和现金流量表。

②提及财务报表附注。由于附注是财务报表不可或缺的重要组成部分，因此，也应提及财务报表附注。

③指明财务报表的日期和涵盖的期间。财务报表有反映时点的，有反映期间的，注册会计师应在引言段中指明财务报表的日期或涵盖的期间。

4. 管理层对财务报表的责任段。管理层对财务报表的责任段应当说明，按照适用的会计准则和相关会计制度的规定编制财务报表是管理层的责任，这种责任包括：

①设计、实施和维护与财务报表编制相关的内部控制，以使财务报表不存在由于舞弊或错误而导致的重大错报；

②选择和运用恰当的会计政策；

③作出合理的会计估计。

5. 注册会计师的责任段。注册会计师的责任段应当说明下列内容：

①注册会计师的责任、注册会计师执行审计业务的标准以及审计准则对注册会计师提出的核心要求。注册会计师的责任是在实施审计工作的基础上对财务报表发表审计意见。注册会计师应当按照中国注册会计师审计准则的规定执行审计工作。

②注册会计师执行审计工作的主要过程，包括运用职业判断实施风险评估程序、控制测试(必要时或决定测试时)以及实质性程序。审计工作涉及实施审计程序，以获取有关财务报表金额和披露的审计证据。选择的审计程序取决于注册会计师的判断，包括对由于舞弊或错误导致的财务报表重大错报风险的评估。

③注册会计师相信已获取的审计证据是充分、适当的，为其发表审计意见提供了基础。

6. 审计意见段。审计意见段应当说明，财务报表是否按照适用的会计准则和相关会计制度的规定编制，是否在所有重大方面公允反映了被审计单位的财务状况、经营成果和现金流量。

7. 注册会计师的签名和盖章。审计报告应当由两名具备相关业务资格的注册会计师签名盖章并经会计师事务所盖章方为有效。

8. 会计师事务所的名称、地址及盖章。审计报告应当载明会计师事务所的名称和地址，并加盖会计师事务所公章。

9.报告日期。审计报告应当注明报告日期。审计报告的日期非常重要。注册会计师对不同时段的资产负债表日后事项有着不同的责任，而审计报告的日期是划分时段的关键时点。

注册会计师在确定审计报告日期时，应当考虑：

①应当实施的审计程序已经完成。审计报告的日期不应早于注册会计师获取充分、适当的审计证据，并在此基础上对财务报表形成审计意见的日期。

②应当提请被审计单位调整事项已经提出，被审计单位已经作出调整或拒绝作出调整。

③管理层已经正式签署财务报表。在实务中，注册会计师在正式签署审计报告前，通常把审计报告草稿和已审计财务报表草稿一同提交给管理层。如果管理层批准并签署已审计财务报表，注册会计师即可签署审计报告。注册会计师签署审计报告的日期通常与管理层签署已审计财务报表的日期为同一天，或晚于管理层签署已审计财务报表的日期。在审计报告日期晚于管理层签署已审计财务报表日期时，注册会计师应当获取自管理层声明书日到审计报告日期之间的进一步审计证据。

（二）民间审计报告类型

1.无保留意见的审计报告

（1）标准审计报告

如果认为财务报表符合下列所有条件，注册会计师应出具无保留意见的标准审计报告：

①财务报表已经按照适用的会计准则和相关会计制度的规定编制，在所有重大方面公允反映了被审计单位的财务状况、经营成果和现金流量；

②注册会计师已经按照中国注册会计师审计准则的规定计划和实施审计工作，在审计过程中未受到限制。

当出具无保留意见的审计报告时，注册会计师应当以“我们认为”作为意见段的开头，并使用“在所有重大方面”、“公允反映”等术语。

无保留意见的审计报告意味着，注册会计师认为被审计单位财务报表的编制符合合法性和公允性的要求，合理保证财务报表不存在重大错报。

无保留意见的标准审计报告格式，如表9－1所示。

（2）非标准审计报告

（带强调事项段无保留意见的审计报告）

审计报告的强调事项段是指注册会计师在审计意见段之后增加的对重大事项予以强调的段落。强调事项应当同时符合下列条件：

①可能对财务报表产生重大影响，但被审计单位进行了恰当的会计处理，且在财务报表中作出充分披露；

②不影响注册会计师发表的审计意见。注册会计师应当在强调事项段中指明，该段内容仅用于提醒财务报表使用者关注，并不影响已发表的审计意见。

带强调事项段的无保留意见的审计报告适用情形：（1）当存在可能导致对持续经营能力产生重大疑虑的事项或情况、但不影响已发表的审计意见时，注册会计师应当在审计意见段之后增加强调事项段对此予以强调。（2）当存在可能对财务报表产生重大影响的不确定事项（持续经营问题除外）、但不影响已发表的审计意见时，注册会计师应当考虑在审计意见段之后增加强调事项段对此予以强调。不确定事项是指其结果依赖于未来行动或事项，不受被审计单位的直接控制，但可能影响财务报表的事项。除上述两种情形以及其他审计准则规定的增加强调事项段的情形外，注册会计师不应在审计报告的审计意见段之后增加强调事项段或任何解释性段落，以免财务报表使用者产生误解。带强调事项段无保留意见审计报告格式如表9－2所示。

2. 保留意见的审计报告

如果认为财务报表整体是公允的，但还存在下列情形之一，注册会计师应当出具保留意见的审计报告：①会计政策的选用、会计估计的作出或财务报表的披露不符合适用的会计准则和相关会计制度的规定，虽影响重大，但不至于出具否定意见的审计报告；②因审计范围受到限制，不能获取充分、适当的审计证据，虽影响重大，但不至于出具无法表示意见的审计报告。

当出具保留意见的审计报告时，注册会计师应当在审计意见段中使用"除……的影响外"等术语。如果因审计范围受到限制，注册会计师还应当在注册会计师的责任段中提及这一情况。

只有当注册会计师认为财务报表就其整体而言是公允的，但还存在对财务报表产生重大影响的情形，才能出具保留意见的审计报告。如果注册会计师认为所报告的情形对财务报表产生的影响极为严重，则应出具否定意见的审计报告或无法表示意见的审计报告。因此，保留意见的审计报告被视为注册会计师在不能出具无保留意见的审计报告情况下最不严厉的审计报告。保留意见的审计报告（审计范围受到限制）格式如表9－3所示。

3. 否定意见的审计报告

如果认为财务报表没有按照适用的会计准则和相关会计制度的规定编制，未能在所有重大方面公允反映被审计单位的财务状况、经营成果和现金流量，注册会计师应当出具否定意见的审计报告。

当出具否定意见的审计报告时，注册会计师应当在审计意见段中使用"由于上述问题造成的重大影响"、"由于受到前段所述事项的重大影响"等术语。否定意见的审计报告格式如表9－4所示。

4. 无法表示意见的审计报告

如果审计范围受到限制可能产生的影响非常重大和广泛，不能获取充分、适当的审计证据，以至于无法对财务报表发表审计意见，注册会计师应当出具无法表示意见的审计报告。

当出具无法表示意见的审计报告时，注册会计师应当删除注册会计师的责任段，并在审计意见段中使用"由于审计范围受到限制可能产生的影响非常重大和广泛"、"我们无法对上述财务报表发表意见"等术语。

只有当审计范围受到限制可能产生的影响非常重大和广泛，不能获取充分、适当的审计证据，以至于无法确定财务报表的合法性与公允性时，注册会计师才应当出具无法表示意见的审计报告。无法表示意见不同于否定意见，它通常仅仅适用于注册会计师不能获取充分、适当的审计证据。如果注册会计师发表否定意见，必须获得充分、适当的审计证据。无论是无法表示意见还是否定意见，都只有在非常严重的情形下采用。无法表示意见的审计报告格式如表9－5所示。

表 9－1　　无保留意见的标准审计报告格式

审计报告

ABC 股份有限公司全体股东：

我们审计了后附的 ABC 股份有限公司(以下简称 ABC 公司)财务报表，包括 2001 年 12 月 31 日的资产负债表，2001 年度的利润表、股东权益变动表和现金流量表以及财务报表附注。

一、管理层对财务报表的责任

按照企业会计准则和《××会计制度》的规定编制财务报表是 ABC 公司管理层的责任。这种责任包括：(1)设计、实施和维护与财务报表编制相关的内部控制，以使财务报表不存在由于舞弊或错误而导致的重大错报；(2)选择和运用恰当的会计政策；(3)作出合理的会计估计。

二、注册会计师的责任

我们的责任是在实施审计工作的基础上对财务报表发表审计意见。我们按照中国注册会计师审计准则的规定执行了审计工作。中国注册会计师审计准则要求我们遵守职业道德规范，计划和实施审计工作以对财务报表是否不存在重大错报获取合理保证。审计工作涉及实施审计程序，以获取有关财务报表金额和披露的审计证据。选择的审计程序取决于注册会计师的判断，包括对由于舞弊或错误导致的财务报表重大错报风险的评估。在进行风险评估时，我们考虑与财务报表编制相关的内部控制，以设计恰当的审计程序，但目的并非对内部控制的有效性发表意见。审计工作还包括评价管理层选用会计政策的恰当性和作出会计估计的合理性，以及评价财务报表的总体列报。

我们相信，我们获取的审计证据是充分、适当的，为发表审计意见提供了基础。

三、审计意见

我们认为，ABC 公司财务报表已经按照企业会计准则和《××会计制度》的规定编制，在所有重大方面公允反映了 ABC 公司 2001 年 12 月 31 日的财务状况以及 2001 年度的经营成果和现金流量。

××会计师事务所　　　　中国注册会计师：×××

（签名并盖章）

（盖章）　　　　中国注册会计师：×××

（签名并盖章）

中国××市　　　　二〇〇二年×月×日

表 9－2　　带强调事项段无保留意见（非标准）审计报告格式

审计报告

ABC 股份有限公司全体股东：

我们审计了后附的 ABC 股份有限公司（以下简称 ABC 公司）财务报表，包括 2001 年 12 月 31 日的资产负债表，2001 年度的利润表、股东权益变动表和现金流量表以及财务报表附注。

一、管理层对财务报表的责任

按照企业会计准则和《××会计制度》的规定编制财务报表是 ABC 公司管理层的责任。这种责任包括：（1）设计、实施和维护与财务报表编制相关的内部控制，以使财务报表不存在由于舞弊或错误而导致的重大错报；（2）选择和运用恰当的会计政策；（3）作出合理的会计估计。

二、注册会计师的责任

我们的责任是在实施审计工作的基础上对财务报表发表审计意见。我们按照中国注册会计师审计准则的规定执行了审计工作。中国注册会计师审计准则要求我们遵守职业道德规范，计划和实施审计工作以对财务报表是否不存在重大错报获取合理保证。

审计工作涉及实施审计程序，以获取有关财务报表金额和披露的审计证据。选择的审计程序取决于注册会计师的判断，包括对由于舞弊或错误导致的财务报表重大错报风险的评估。在进行风险评估时，我们考虑与财务报表编制相关的内部控制，以设计恰当的审计程序，但目的并非对内部控制的有效性发表意见。审计工作还包括评价管理层选用会计政策的恰当性和作出会计估计的合理性，以及评价财务报表的总体列报。

我们相信，我们获取的审计证据是充分、适当的，为发表审计意见提供了基础。

三、审计意见

我们认为，ABC 公司财务报表已经按照企业会计准则和《××会计制度》的规定编制，在所有重大方面公允反映了 ABC 公司 2001 年 12 月 31 日的财务状况以及 2001 年度的经营成果和现金流量。

四、强调事项

我们提醒财务报表使用者关注，如财务报表附注×所述，ABC 公司在 2001 年发生亏损×万元，在 2001 年 12 月 31 日，流动负债高于资产总额×万元。ABC 公司已在财务报表附注×充分披露了拟采取的改善措施，但其持续经营能力仍然存在重大不确定性。本段内容不影响已发表的审计意见。

××会计师事务所	中国注册会计师：×××
（盖章）	（签名并盖章）
	中国注册会计师：×××
	（签名并盖章）
中国××市	二〇〇二年×月×日

表 9-3　　保留意见的审计报告（审计范围受到限制）格式

审计报告

ABC 股份有限公司全体股东：

我们审计了后附的 ABC 股份有限公司（以下简称 ABC 公司）财务报表，包括 2001 年 12 月 31 日的资产负债表，2001 年度的利润表、股东权益变动表和现金流量表以及财务报表附注。

一、管理层对财务报表的责任

按照企业会计准则和《××会计制度》的规定编制财务报表是 ABC 公司管理层的责任。这种责任包括：（1）设计、实施和维护与财务报表编制相关的内部控制，以使财务报表不存在由于舞弊或错误而导致的重大错报；（2）选择和运用恰当的会计政策；（3）作出合理的会计估计。

二、注册会计师的责任

我们的责任是在实施审计工作的基础上对财务报表发表审计意见。除本报告"三、导致保留意见的事项"所述事项外，我们按照中国注册会计师审计准则的规定执行了审计工作。中国注册会计师审计准则要求我们遵守职业道德规范，计划和实施审计工作以对财务报表是否不存在重大错报获取合理保证。

审计工作涉及实施审计程序，以获取有关财务报表金额和披露的审计证据。选择的审计程序取决于注册会计师的判断，包括对由于舞弊或错误导致的财务报表重大错报风险的评估。在进行风险评估时，我们考虑与财务报表编制相关的内部控制，以设计恰当的审计程序，但目的并非对内部控制的有效性发表意见。审计工作还包括评价管理层选用会计政策的恰当性和作出会计估计的合理性，以及评价财务报表的总体列报。

我们相信，我们获取的审计证据是充分、适当的，为发表审计意见提供了基础。

三、导致保留意见的事项

ABC 公司 2001 年 12 月 31 日的应收账款余额×万元，占资产总额的×%。由于 ABC 公司未能提供债务人地址，我们无法实施函证以及其他替代审计程序，以获取充分、适当的审计证据。

四、审计意见

我们认为，除了前段所述未能实施函证可能产生的影响外，ABC 公司财务报表已经按照企业会计准则和《××会计制度》的规定编制，在所有重大方面公允反映了 ABC 公司 2001 年 12 月 31 日的财务状况以及 2001 年度的经营成果和现金流量。

××会计师事务所　　　　中国注册会计师：×××
（盖章）　　　　（签名并盖章）
　　　　中国注册会计师：×××
　　　　（签名并盖章）
中国××市　　　　二〇〇二年×月×日

表9－4 否定意见的审计报告格式

审计报告

ABC股份有限公司全体股东：

我们审计了后附的ABC股份有限公司（以下简称ABC公司）财务报表，包括2001年12月31日的资产负债表，2001年度的利润表、股东权益变动表和现金流量表以及财务报表附注。

一、管理层对财务报表的责任

按照企业会计准则和《××会计制度》的规定编制财务报表是ABC公司管理层的责任。这种责任包括：（1）设计、实施和维护与财务报表编制相关的内部控制，以使财务报表不存在由于舞弊或错误而导致的重大错报；（2）选择和运用恰当的会计政策；（3）作出合理的会计估计。

二、注册会计师的责任

我们的责任是在实施审计工作的基础上对财务报表发表审计意见。我们按照中国注册会计师审计准则的规定执行了审计工作。中国注册会计师审计准则要求我们遵守职业道德规范，计划和实施审计工作以对财务报表是否不存在重大错报获取合理保证。

审计工作涉及实施审计程序，以获取有关财务报表金额和披露的审计证据。选择的审计程序取决于注册会计师的判断，包括对由于舞弊或错误导致的财务报表重大错报风险的评估。在进行风险评估时，我们考虑与财务报表编制相关的内部控制，以设计恰当的审计程序，但目的并非对内部控制的有效性发表意见。审计工作还包括评价管理层选用会计政策的恰当性和作出会计估计的合理性，以及评价财务报表的总体列报。

我们相信，我们获取的审计证据是充分、适当的，为发表审计意见提供了基础。

三、导致否定意见的事项

如财务报表附注×所述，ABC公司的长期股权投资未按企业会计准则的规定采用权益法核算。如果按权益法核算，ABC公司的长期投资账面价值将减少×万元，净利润将减少×万元，从而导致ABC公司由盈利×万元变为亏损×万元。

四、审计意见

我们认为，由于受到前段所述事项的重大影响，ABC公司财务报表没有按照企业会计准则和《××会计制度》的规定编制，未能在所有重大方面公允反映ABC公司2001年12月31日的财务状况以及2001年度的经营成果和现金流量。

××会计师事务所 中国注册会计师：×××
（盖章） （签名并盖章）
中国注册会计师：×××
（签名并盖章）

中国××市 二〇〇二年×月×日

表9－5　　无法表示意见的审计报告格式

审计报告

ABC 股份有限公司全体股东：

我们接受委托，审计后附的 ABC 股份有限公司(以下简称 ABC 公司)财务报表，包括 2001 年 12 月 31 日的资产负债表，2001 年度的利润表、股东权益变动表和现金流量表以及财务报表附注。

一、管理层对财务报表的责任

按照企业会计准则和《××会计制度》的规定编制财务报表是 ABC 公司管理层的责任。这种责任包括：(1)设计、实施和维护与财务报表编制相关的内部控制，以使财务报表不存在由于舞弊或错误而导致的重大错报；(2)选择和运用恰当的会计政策；(3)作出合理的会计估计。

二、导致无法表示意见的事项

ABC 公司未对 2001 年 12 月 31 日的存货进行盘点，金额为× 万元，占期末资产总额的 40%。我们无法实施存货监盘，也无法实施替代审计程序，以对期末存货的数量和状况获取充分、适当的审计证据。

三、审计意见

由于上述审计范围受到限制可能产生的影响非常重大和广泛，我们无法对 ABC 公司财务报表发表意见。

××会计师事务所 (盖章)	中国注册会计师：××× (签名并盖章) 中国注册会计师：××× (签名并盖章)
中国××市	二〇〇二年×月×日

第二节 管理建议书

一、管理建议书的概念

管理建议书是指注册会计师在审计过程中注意到的、可能导致被审计单位财务报表产生重大错报或漏报的内部控制重大缺陷提出的书面建议。注册会计师在进行财务报表审计时，要研究与评价被审单位的内部控制制度及其执行情况。如果在审计过程中发现客户的内部控制制度有重大缺陷，除应记录在工作底稿，调整相应的审计计划，加强相应项目的实质性审查外，在完成审计工作后，注册会计师应向客户管理当局出具管理建议书。如果客户的内部控制比较健全，审查中只发现一般性的问题，注册会计师可以口头或其他适当方式向客户有关人员提出内部控制的改进建议，而不必出具管理建议书。

二、管理建议书的性质

管理建议书与审计意见是不同的。管理建议书是针对与审计相关的内部控制提出的；审计的对象是被审计单位的财务报表，由此而形成的审计意见是针对财务报表提出的。注册会计师在财务报表审计后就内部控制缺陷向被审计单位当局提供管理建议，不是一种法定业务，没有法定责任；审计意见是对财务报表形成的意见，是法定的业务，具有法定的责任。管理建议仅提供给被审计单位管理当局，供内部参考，不对外报送，对外不起鉴证作用，不应作为其他第三方依赖的佐证；审计意见是审计报告的核心内容，要向外报送，对外起鉴证作用，作用与影响很大。

三、管理建议书的内容

管理建议书一般应当包括下列基本内容：

1. 标题。管理建议书的标题应当统一规范为“管理建议书”。

2. 收件人。管理建议书的收件人应为被审计单位管理当局。

3. 财务报表审计目的及管理建议书的性质。管理建议书应当指明审计目的是对财务报表发表审计意见，而管理建议书仅指出注册会计师在审计过程中注意到的内部控制重大缺陷，不应被视为对内部控制发表的鉴证意见，所提建议不具有强制性和公证性。

4. 内部控制重大缺陷及其影响和改进建议。管理建议书应当指明注册会计师在审计过程中注意到的内部控制设计及运行方面的重大缺陷，包括前期建议改进但本期仍然存在的重大缺陷。管理建议书应当指明内部控制重大缺陷对财务报表可能产生的影响，以及相应的改进建议。

5. 使用范围及使用责任管理建议书应当指明其仅供被审计单位管理当局内部参考。因使用不当造成的后果，与注册会计师及其所在会计师事务所无关。

6. 签章。管理建议书应当由注册会计师签章，并加盖会计师事务所公章。

7. 日期。

四、管理建议书编制要求

注册会计师编制管理建议书时：

1. 要事实求是。在准确把握被审计单位的内部控制的真实情况的基础上来提出建议，切忌言之无据。注册会计师在编制管理建议书之前，应当对审计工作底稿中记录的内部控制重大缺陷及其改进建议进行复核，并以经过复核的审计工作底稿为依据，编制管理建议书。

2. 要切实可行。提建议要有针对性，要防止脱离实际情况提一些华而不实、不考虑控制成本的提议。

3. 要讨论沟通。在出具管理建议书之前，注册会计师应当与被审计单位有关人员讨论管理建议书的相关内容，以确认所述重大缺陷是否属实。

4. 要重点突出。管理建议书的编写要主次分明。管理建议书中反映的内部控制缺陷，可按其对会计报表的影响程度排列。

课外阅读资料

一、标准审计报告

审 计 报 告

深鹏所审字[2007]1005 号

深圳华强创新投资有限公司董事会：

我们审计了后附的深圳华强创新投资有限公司(以下简称华强创投公司)财务报表，包括2006 年12 月31 日的资产负债表，2006 年度的利润表、股东权益变动表和现金流量表以及财务报表附注。

一、管理层对财务报表的责任

按照企业会计准则和《企业会计制度》的规定编制财务报表是华强创投公司管理层的责任。这种责任包括：(1)设计、实施和维护与财务报表编制相关的内部控制，以使财务报表不存在由于舞弊或错误而导致的重大错报；(2)选择和运用恰当的会计政策；(3)作出合理的会计估计。

二、注册会计师的责任

我们的责任是在实施审计工作的基础上对财务报表发表审计意见。我们按照中国注册会计师审计准则的规定执行了审计工作。中国注册会计师审计准则要求我们遵守职业道德规范，计划和实施审计工作以对财务报表是否不存在重大错报获取合理保证。

审计工作涉及实施审计程序，以获取有关财务报表金额和披露的审计证据。选择的审计程序取决于注册会计师的判断，包括对由于舞弊或错误导致的财务报表重大错报风险的评估。在进行风险评估时，我们考虑与财务报表编制相关的内部控制，以设计恰当的审计程序，但目的并非对内部控制的有效性发表意见。审计工作还包括评价管理层选用会计政策的恰当性和作出会计估计的合理性，以及评价财务报表的总体列报。

我们相信，我们获取的审计证据是充分、适当的，为发表审计意见提供了基础。

三、审计意见

我们认为，华强创投公司财务报表已经按照企业会计准则和《企业会计制度》的规定编制，在所有重大方面公允反映了华强创投公司2006 年12 月31 日的财务状况以及2006 年度的经营成果和现金流量。

深圳市鹏城会计师事务所有限公司　　　　中国注册会计师 ：李 萍

中国 深圳　　　　中国注册会计师 ：覃业庆

2007 年10 月18 日

二、带强调事项段的无保留意见审计报告

审计报告

江苏中天科技股份有限公司全体股东：

我们审计了后附的江苏中天科技股份有限公司（以下简称中天科技公司）财务报表，包括2006年12月31日的合并资产负债表，2006年度合并利润及利润分配表、合并现金流量表以及合并财务报表附注。

一、管理层对财务报表的责任

按照企业会计准则和《企业会计制度》的规定编制财务报表是中天科技公司管理层的责任。这种责任包括：(1)设计、实施和维护与财务报表编制相关的内部控制，以使财务报表不存在由于舞弊或错误而导致的重大错报；(2)选择和运用适当的会计政策；(3)作出合理的会计估计。

二、注册会计师的责任我们的责任是在实施审计工作的基础上对财务报表发表审计意见。我们按照中国注册会计师审计准则的规定执行了审计工作。中国注册会计师审计准则要求我们遵守职业道德规范，计划和实施审计工作以对财务报表是否不存在重大错报获取合理保证。

审计工作涉及实施审计程序，以获取有关财务报表金额和披露的审计证据。选择的审计程序取决于注册会计师的判断，包括对由于舞弊或错误导致的财务报表重大错报风险的评估。在进行风险评估时，我们考虑与财务报表编制相关的内部控制，以设计恰当的审计程序，但目的并非对内部控制的有效性发表意见。审计工作还包括评价管理层选用会计政策的适当性和作出会计估计的合理性，以及评价财务报表的总体列报。

我们相信，我们获取的审计证据是充分、适当的，为发表审计意见提供了基础。

三、审计意见

我们认为，中天科技公司财务报表已经按照企业会计准则和《企业会计制度》的规定编制，在所有重大方面公允反映了中天科技公司2006年12月31日的合并财务状况以及2006年度的合并经营成果和合并现金流量。

四、强调事项

我们提醒财务报表使用者关注，如财务报表附注7.1所述，根据日本商业仲裁协会对中天科技公司与日本信越化学工业株式会社购销合同纠纷的仲裁，其中裁决中天科技公司需给付对方赔偿金15.2亿日元（约合人民币10,445万元）及利息。此国际仲裁须先通过我国法院的审查承认程序后方可进入执行程序。中天科技公司认为，该纠纷在仲裁过程中存在多处违反仲裁规则和不公正之处，仲裁结果应不予承认和执行。该事项正在有关法院审理过程中。本段内容不影响已发表的审计意见。

中兴华会计师事务所有限责任公司　　　　中国注册会计师：李敏 朱新民

中国 北京

2007年4月16日

三、保留意见的审计报告

审计报告

天职湘审字[2006]第227号

清华紫光古汉生物制药股份有限公司全体股东：

我们审计了后附的清华紫光古汉生物制药股份有限公司(以下简称贵公司)2005年12月31日的资产负债表和合并资产负债表、2005年度利润表及利润分配表和合并利润表及利润分配表、2005年度现金流量表和合并现金流量表。这些会计报表的编制是贵公司管理当局的责任，我们的责任是在实施审计工作的基础上对这些会计报表发表意见。

除下段陈述事项外，我们按照中国注册会计师独立审计准则计划和实施审计工作，以合理确信会计报表是否不存在重大错报。审计工作包括在抽查的基础上检查支持会计报表金额和披露的证据，评价管理当局在编制会计报表时采用的会计政策和做出的重大会计估计，以及评价会计报表的整体反映。我们相信，我们的审计工作为发表意见提供了合理的基础。

贵公司发出商品2005年期末余额为4 329.43万元，受审计条件限制，我们无法实施满意的审计程序以证实其真实性。

我们认为，除上述问题的影响外，上述会计报表符合国家颁布的《企业会计准则》和《企业会计制度》的规定，在所有重大方面公允地反映了贵公司2005年12月31日的财务状况以及2005年度的经营成果和现金流量情况。

天职孜信会计师事务所有限公司司　　　　中国注册会计师：林重仁

中国 北京　　　　中国注册会计师：袁 勇

二〇〇六年四月十一日

四、否定意见的审计报告

审计报告

武众会(2002)243号

湖北江湖生态农业股份有限公司全体股东：

我们接受委托，审计了贵公司2001年12月31日的资产负债表及合并资产负债表，2001年度的利润表、利润分配表及合并利润表、合并利润分配表，2001年度的现金流量表及合并现金流量表。这些会计报表由贵公司负责，我们的责任是对这些会计报表发表审计意见。我们的审计是依据《中国注册会计师独立审计准则》进行的。在审计过程中，我们结合贵公司实际情况，实施了包括抽查会计记录等我们认为必要的审计程序。

在审计过程中，我们发现：

1. 贵公司账务系统一直以来存在并存的情况，贵公司历年来公开披露的会计报表系按其中一套账务系统编制，由于贵公司目前正在接受司法调查，该账务系统的所有财务资料均已被有关部门查封。贵公司向我们所提供的2001年度会计报表系以其并存账务系统的财务资料编制而成，但该账务系统1999年度以前的财务资料亦被查封，限于上述原因，我们不仅无法确定本年度比较式会计报表财务数据与历次公开披露会计报表相关财务数据之间的重大差异，亦无法实施必要的审计程序，获取充分适当的审计证据以确定本年度比较式会计报表的年初数，以及年初数对2001年度会计报表的影响。

（续表）

2. 如会计报表附注(六).(2)所述,截至2001年12月31日贵公司应收款项价值为504 261 321.04元,占期末资产总额的31.82%,2年以上应收款项的余额为241 811 570.50元,占应收款项期末余额的44.12%,其中包括贵公司各分、子公司之间未抵消的其他应收款106 058 130.87元。上述2年以上应收款项均系2000年度以前所形成的累计数,由于本说明段事项1所述原因,我们无法对这些款项进行审计,且贵公司管理当局亦未对该些款项的形成原因和性质作出合理的解释,以致于我们无法获取充分、适当的审计证据以判断这些应收款项的真实性、可收回性、贵公司提取坏账准备金额的适当性及上述未抵消差额在会计报表分类上的合理性。

3. 如会计报表附注(六).(4)所述,截至2001年12月31日贵公司委托中国蓝田总公司代销的商品余额为45 604 982.37元,占期末存货价值的45.27%。由于缺乏相关的内部控制和交易轨迹记录及受托方交易情况的资料,我们无法对其交易的真实性和完整性作出判断,亦无法对这些发出商品的可变现价值及该资产在会计报表上分类的合理性作出判断。

4. 如会计报表附注(五)所述,贵公司存在从未披露的子公司－洪湖蓝田印铁制罐有限公司和湖北洪湖生态养殖开发有限公司,该事实表明贵公司内部控制制度已经失效,我们无法确定贵公司是否已将类似情况进行了充分披露,也无法判断这些情况是否已经产生后果或将会造成的影响。

5. 如会计报表附注(六).(6)、(六).(8)所述,截至2001年12月31日贵公司固定资产、在建工程2001年12月31日的账面价值分别为646 756 992.32元和187 750 768.91元,两项合计占期末资产总额54.95%。自贵公司接受调查以来,熟悉情况的工作人员已大部分离职,同时贵公司上述资产的有关合同、协议及工程预决算资料流失严重,鉴于这种状况和本说明段事项1所述原因、以及贵公司目前经营情况和未来发展的不确定性,我们无法实施必要的审计程序,获取充分、适当的审计证据以判断上述固定资产、在建工程的所有权归属、资产的可回收金额以及公司涉及诉讼可能带来的影响。

6. 如会计报表附注(六).(11)、(六).(20)和(六).(21)所述,截至2001年12月31日贵公司长短期借款及一年内到期的长期借款的余额为558 828 000元(已包括账外借款35 000 000元),占期末负债总额的35.07%。因贵公司未能提供上述借款的所有合同及相关担保、抵押或质押的详细资料,而我们亦不能从贵公司外部获得相关证据予以证实,故我们无法对这些借款的完整性、借款性质分类的准确性和抵押资产的完整性作出判断。

7. 贵公司关联方结构如会计报表附注(七)所述,因贵公司对第一大股东的控股股东与贵公司不存在控制关系的关联方[见附注(七).(4)]之间的关系,未提供任何相关法律文件加以证实,我们无法对其真实性作出判断。

8. 由于贵公司缺乏可信赖的内部控制制度,而同时贵公司管理当局又未采取可以信赖的行动,以消除我们的疑虑,故我们无法实施必要的审计程序,以获得截止至审计报告日贵公司所有对外担保、重大诉讼事项、其他或有事项和资产负债表日后事项是否已充分披露所必须的证据以及上述事项对会计报表可能产生的影响。

9. 如会计报表及相关会计报表附注所述,贵公司财务状况已明显恶化。截止至审计报告日,贵公司尚未提出改善财务状况和维持持续经营能力的相关措施和方案,故我们无法判断贵公司编制2001年度会计报表所依据的持续经营假设的合理性。

由于上述事项所造成的影响,我们无法对贵公司会计报表是否符合《企业会计准则》和《企业会计制度》的有关规定,以及是否公允地反映了贵公司2001年12月31日的财务状况、2001年度的经营成果和2001年度的现金流量情况发表审计意见。

武汉众环会计师事务所有限责任公司

中国 武汉国际大厦B座16楼

中国注册会计师:胡家望

中国注册会计师:王郁

2002年4月26日

五、无法表示意见的审计报告

审计报告

京信审字[2007]第498号

丹东化学纤维股份有限公司全体股东：

我们接受委托，审计后附的丹东化学纤维股份有限公司(以下简称丹东化纤公司)财务报表，包括2006年12月31日的资产负债表，2006年度的利润及利润分配表、现金流量表以及财务报表附注。

一、管理层对财务报表的责任

按照企业会计准则和《企业会计制度》的规定编制财务报表是丹东化纤公司管理层的责任。这种责任包括：(1)设计、实施和维护与财务报表编制相关的内部控制，以使财务报表不存在由于舞弊或错误而导致的重大错报；(2)选择和运用恰当的会计政策；(3)作出合理的会计估计。

二、导致无法表示意见的事项

1. 丹东化纤公司因资金等内部控制缺陷，导致：(1)如财务报表附注五(三)3所述，截至2006年12月31日，丹东化纤公司应收大股东及其他关联企业各款项合计824 712 089.96元，其中已询证但未收到回函金额616 055 166.73元；应付大股东及其他关联企业各款项合计138 751 320.23元，其中已询证但未收到回函金额135 601 246.60元；丹东化纤公司对应收大股东及其他关联企业款项计提了275 286 620.71元的坏账准备。丹东化纤公司大股东拟用于偿还占用丹东化纤公司资金的土地使用权被查封，导致大股东还款计划被搁浅。因丹东化纤公司大股东涉嫌非法占用资金，中国证监会沈阳稽查局已对此立案调查。(2)本年从关联企业厦门志枫国际贸易控股有限公司采购原材料含税金额33 183 658.66元，向该公司开具银行承兑汇票金额318 000，000.00元。

2. 截止2006年12月31日，丹东化纤公司已逾期短期借款金额361 050 000.00元，已逾期并转为短期借款的银行承兑汇票及信用证金额19 822 959.82元，已逾期长期借款金额67 825 000.00元。固定资产中原值985 901 005.62元、净值657 848 327.08元的房屋及设备，无形资产中账面价值119 602 555.19元的土地使用权已用于银行借款抵押。

3. 如财务报表附注六-(一)所述，截止2006年12月31日，以丹东化纤公司为被告的涉诉案件金额622 206 544.52元。八个银行账户已被法院或丹东市税务机关冻结，金额合计168 166.23元。

4. 按照丹东化纤公司与丹东吉丹化纤有限责任公司签订的带料加工协议书约定，从2006年11月10日起丹东化纤公司为吉丹公司从事带料加工生产，但丹东化纤公司本年未确认与此相关的加工收入，生产的计划、组织均由吉丹公司自行安排。2007年3月1日丹东化纤公司发布公告称："目前公司生产处于停产状态，以为丹东吉丹公司带料加工为主"。

5. 丹东化纤公司管理层编制的2006年12月31日财务报表数据显示累计经营亏损629 070 420.15元，营运资金为-736 009 233.97元，资产负债率96%。

因上述情况的影响，丹东化纤公司的持续经营能力存在重大不确定性，可能无法在正常的经营过程中变现资产、清偿债务。截止审计报告日，丹东化纤公司管理层尚未对上述影响持续经营假设的重大不确定事项采取或计划采取相应的改进措施。

三、审计意见

上述事项可能产生的影响非常重大，我们无法对丹东化纤公司财务报表发表意见。

北京立信会计师事务所有限公司

中国注册会计师：××

中国注册会计师：××

二〇〇七年四月十七日

● 复习思考题

一、名词解释

1. 审计报告：

2. 标准审计报告：

3. 否定意见的审计报告：

4. 无法表示意见的审计报告：

5. 管理建议书：

二、填空题

1. 非标准审计报告是指标准审计报告以外的其他审计报告，包括____________和________。

2. 注册会计师签发的审计报告具有_________________________、保护和证明的作用。

3. 合伙会计师事务所出具的审计报告，应当由一名对审计项目____________________和____签名盖章。

4. 管理建议书是针对与审计相关的______________提出的；审计的对象是被审计单位的____________________。

5. 审计报告的收件人是指注册会计师按照业务约定书的要求致送审计报告的对象，一般是指审计业务的____。

三、单项选择题

1. 标准审计报告包括下面(　　)几种。

A. 无保留意见的审计报告　　　　B. 带强调事项段的无保留意见的审计报告

C. 保留意见的审计报告　　　　　D. 无法表示意见的审计报告

2. 审计事项同时符合下列条件：(1) 可能对财务报表产生重大影响，但被审计单位进行了恰当的会计处理，且在财务报表中作出充分披露；(2) 不影响注册会计师发表的审计意见。则注册会计师可以出具(　　)。

A. 标准审计报告

B. 保留意见的审计报告

C. 否定意见的审计报告

D. 带强调事项段的无保留意见的审计报告

3. 下列专用术语(　　)表示的是保留意见。

A. 由于审计范围受到限制可能产生的影响非常重大和广泛

B. 我们无法对上述财务报表发表意见

C. 由于上述问题造成的重大影响

D. 由于受到前段所述事项的重大影响

E. 除……的影响外

4. 管理建议书一般是(　　)审计向被审计单位管理当局提出。

A. 政府　　　　B. 民间

C. 内部　　　　D. 部门

5. 管理建议书指出的内部控制存在的缺陷是(　　)。

A. 内部控制全部的缺陷

B. 具有签证意见

C. 必须作出的

D. 仅是在审计中注意到的

四、多项选择题

1. 下列(　　)属于我国审计准则规定审计报告应当包括的要素。

A. 收件人　　　　　　　　B. 管理层对财务报表的责任段

C. 注册会计师的责任段　　D. 审计意见段

2. 审计报告的引言段应当说明被审计单位的财务报表已经过审计，并包括(　　)。

A. 指出构成整套财务报表的每张财务报表的名称

B. 提及财务报表附注

C. 指明财务报表的日期和涵盖的期间

D. 说明被审计单位会计报表合法性和公允性

3. 管理层对财务报表的责任段应当说明(　　)是管理层的责任。

A. 设计、实施和维护与财务报表编制相关的内部控制

B. 发表审计意见

C. 作出合理的会计估计

D. 选择和运用恰当的会计政策

4. 有限责任会计师事务所出具的审计报告，应当由(　　)签名盖章。

A. 主任会计师　　　　　　B. 被授权的副主任会计师

C. 负责该项目的注册会计师　　D. 管理当局

5. 无保留意见的审计报告包括(　　)。

A. 标准审计报告　　　　B. 保留意见的审计报告

C. 否定意见的审计报告　　D. 无法表示意见的审计报告

五、案例分析题

根据所学内容撰写无法表示意见的审计报告。

第十章 电算化审计

【导读】

通过本章的学习，了解审计电算化系统的概念、方法；掌握审计电算化中计算机辅助审计和审计软件应用；实现会计电算化与审计电算化的结合的目标。

第一节 电算化审计概述

随着计算机技术的发展，计算机软件、硬件的普及，世界进入了一个电子信息时代。完全手工审计已不能满足审计工作的需要，利用计算机参与审计工作能够大大提高审计工作效率，减少审计差错，使审计工作的手段和方法更加科学。

一、电算化审计的概念

电算化审计是指与传统的审计相对应的概念，它是审计人员利用计算机对被审计单位的财政、财务收支有关内容进行的审计。电算化审计，一般不直接使用被审计单位的计算机信息系统进行查询、检查，而是将被审计单位的有关数据导入到审计人员的计算机上，利用审计软件进行查询、检查和分析。简单地说，电算化审计是利用计算机辅助审计和计算机审计软件进行审计。

二、电算化审计的特点

1. 提高了审计工作效率。传统的审计，往往要求被审计单位准备许多的书面资料，审计人员采用审阅法、逆查法等方法对,财务报表、账簿、凭证进行审查，因为资料多，这样就耗费了审计人员很多的时间和精力。如果采用电算化审计能够快速地点击所需的资料，减轻了审计人员的工作量，提高了审计工作效率。

2. 保证了审计数据准确性。传统的审计，一般需要进行大量数据的计算、复算和核对，如账表核对、账证核对、账实核对等。审计人员稍有不慎，很容易出现差错，影响到对被审计单位的审计结论，给审计人员带来审计风险。如果采用电算化审计能够自动计算，既快又准，减少审计人员的差错，保证了审计的准确性。

3. 明确了审计工作重点。传统的审计，根据审计人员经验，确定审计范围及抽样的样本数量过程中，审计人员很容易出现失误，计算较为复杂，审计成本较高。如果采用电算化审计能够克服失误，因为审计软件提供了按条件查询、PPS 抽样等功能，满足审计人员根据其经验确定审计范围，有的放矢，缩小了审计范围，明确了审计工作重点。

4. 促进审计工作规范化。传统的审计，因审计人员素质、经验等缘故，在执行审计程序和标准时，难免会出现一些差异。如果采用电算化审计能够避免其差异，电算化审计采取了标准化的工作流程和技术手段，促进审计工作规范化。

三、电算化审计的必要性

1. 科学技术日新月异，信息化建设发展很快，尤其是会计电算化使用普及与推广，传统的审计已无法适应当前形势发展的要求，必需开展电算化审计。

2. 审计力量不足与审计任务繁重的矛盾越来越突出，传统审计效率相对低下，被审计单位数量大、业务多，要增加很多审计力量不现实，客观形势要求转变审计方式，必需开展电算化审计。

3. 传统审计在抽样分析、排查筛选等方面，操作难度较大，存在较高的审计风险和较高审计成本，必须开展电算化审计。

4. 会计信息电子化发展的同时，出现了会计领域计算机作假和犯罪，只用传统审计，无法揭露电子化条件下的经济犯罪和会计信息失真的问题，必须开展电算化审计。

下面是审计人员利用计算机进行审计的案例，采集、转换和分析数据过程省略。

[案例 10 -1]

2002 年末，审计署驻南京特派员办事处利用采集分析软件《审计数据采集分析》对人民银行某分行财务收支情况和财务收支有关的金融业务活动进行了审计，发现了该分行在财务收支中存在挤占费用、账外资金等违规问题以及邮政储蓄转存款监管不到位等业务管理问题，在较短的时间里高效地完成了审计任务（审计人员利用计算机进行审计的案例，采集、转换和分析数据过程省略）。

第二节　计算机辅助审计

利用计算机，对被审计单位计算机信息系统处理的电子数据进行检查，是信息化环境下审计机构的重要内容。利用计算机审计，审计的技术和方法、审计作业方式发生很大的变化。审计机构和被审计单位双方都利用计算机作为作业的工具，即一方面用计算机记录财务会计核算和经营管理数据，另 一方面用计算机进行审计。在会计电算化普及的今天，不懂计算机审计技术，将失去审计资格。

一、计算机辅助审计的概念

计算机辅助审计是指审计人员在审计过程和审计活动中以计算机为工具，来执行和完成某些审计程序和任务的一种审计技术。

中国审计署于 1998 年提出审计信息化建设的意见，于 2002 年正式获得批准，审计信息化系统建设项目（简称金审工程）第一期工程开工。金审工程的建设内容有网络系统、应用系统、安全系统、机房设施、人员培训和标准规范 6 个方面。这标志着我国审计工作步入一个信息化的新时代。

二、计算机辅助审计的优点

计算机辅助审计不受工作地点和时间的限制，有着传统审计无法比拟的优越性，主要表现为：

1. 账、证、表查询快速、高效；

2. 凭证记录、工作底稿制作简单、快速、方便；

3. 数据分析、统计、汇总快速准确；

4. 降低审计成本、降低审计风险。

[案例 10－2]

某设计院使用用友审计软件，对800多条记录的“预收账款”科目进行核对，审计人员仅用两天时间就将它们核对完。而以前手工核对约需两周时间。又如，某企业采用用友审计软件，对应付工资和应付福利费（2007年以前的会计科目）仅用了2小时就完成了，而以前手工审计需要2～3天时间。

三、计算机辅助审计的限制

计算机辅助审计不能完全代替传统的审计，只能起到很好的帮助作用。对被审计单位是否违法违规，还必须通过审计人员对国家相关法律法规进行判断，而采用何种方法及抽取多少样本，却与审计人员的业务经验有着密切的关系。

四、《现场审计实施系统》的功能框架

为了更好地理解计算机辅助审计，下面以《现场审计实施系统》为例说明其功能。

《现场审计实施系统》也称审计师办公室，英文名称 Auditor Office，简称 AO 系统。它是金审工程一期工程提交的三个成果之一，2004年4月下旬，《现场审计实施系统》在三个审计项目的试用中完成现场测试，2004年7月正式推广使用。其功能主要有：

（一）项目管理功能

项目管理模块能够完成在审计机构开展审计项目过程中，对审计项目管理工作。主要包括准备管理、进度管理、成本管理、资料管理和交互管理五个二级功能。项目管理功能的操作，见第三节审计软件使用。

（二）采集转换功能

采集数据和转换数据模块，审计人员只要简单设置，就能够完成对被审计单位的财务数据转入到审计人员计算机（软件）来，可以对被审计单位进行审计。

（三）审计分析功能

审计分析模块能为审计人员分析、检查被审计单位的财务资料和相关信息，它主要包括账表等分析内容。

（四）审计抽样功能

审计抽样模块能够满足审计人员通过计算机进行统计抽样。

（五）审计底稿功能

审计底稿模块能够满足审计人员利用计算机编制审计工作底稿的作用，把审计日记、审计证据、审计底稿等统一规划到审计底稿的功能中，并自动生成审计报告。

（六）辅助工具功能

辅助工具模块能够提供适用于审计项目开展的辅助工具，如计算器、常用法规等。

（七）系统管理功能

系统管理模块能够提供一些管理工具，如日志管理、人员管理等。

第三节　审计软件的应用

电算化审计面临的首要问题是会计核算软件的多样化，它直接造成审计软件采集转换数据的困难和审计人员掌握多种软件查账功能的困难。

一、审计软件的概念

审计软件是指在利用计算机进行审计时，借助有计算、分析系统信息，审计系统信息的程序。它为审计人员审计工作带来简便、易行、直观和高效。现在不仅是审计实业界使用审计软件，而各大院校也对审计软件有了进一步的认识，有一些高校开始使用审计软件进行教学。目前我国的审计软件主要有：审计署与沈阳通审软件联合开发的通用审计系统、用友 GRP 审计软件、北京诚创易通审计软件等。

二、审计软件的应用

随着计算机技术在审计领域的应用，审计软件也不可避免地出现多样化趋势，如高校教学的审计软件也是各式各样。虽然采用的审计软件不相同，但其功能及操作都非常相似。为了便于说明审计软件的基本功能及操作，下面以《易通审计软件》为例。

（一）运行的软件环境

1. 操作系统：Windows xp/2000/2003；

2. 数据库：Sql server 2000；

3. 财务软件及其他：Office 2003。

（二）软件的构成

1. 系统管理：主要有审计单位信息、人员信息、切换内容、退出系统等。

2. 审计准备：审计准备内容详见（三）中叙述。

3. 审计实施：审计实施内容详见（三）中叙述。

4. 审计终结：审计终结内容详见（三）中叙述。

5. 审计跟踪：主要有时间提示、公文查询等。

（三）软件的基本功能及主要操作

1. 审计准备

（1）项目管理：①主要是新建被审计单位，如图 10－1 所示。

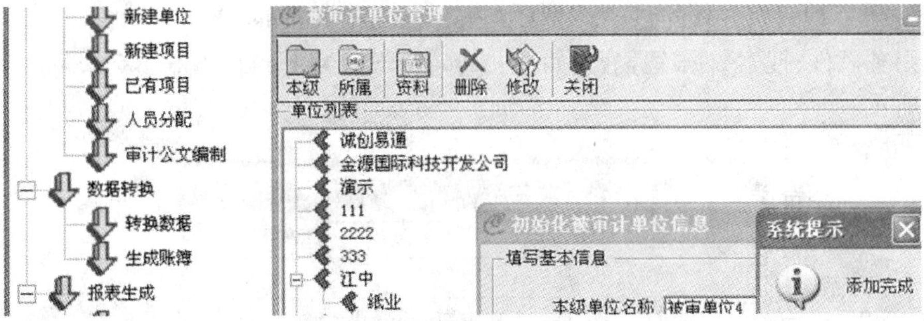

图 10 – 1　新建被审计单位

②新建被审计单位项目，如图 10 – 2 所示。

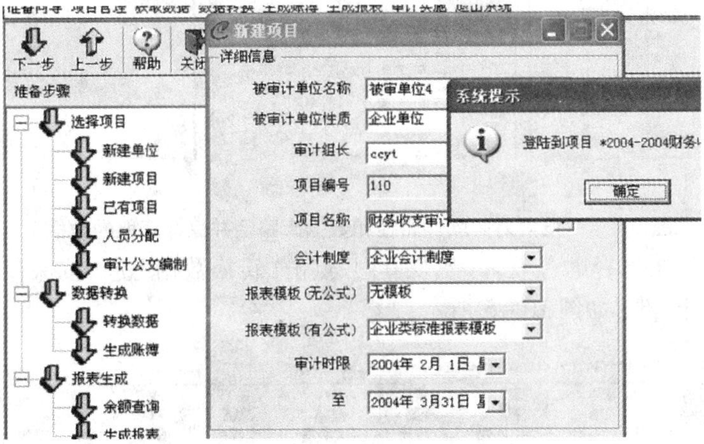

图 10 – 2　新建被审计单位项目

(2)获取数据：

①获得取数工具，打开取数工具，找到财务软件名称和对应的数据库类型，易通审计软件支持的财务软件有：用友、金蝶、浪潮、金算盘等。对接的数据库类型也有(单机版和网络版)：SQL SERVER、*.MDB、*.DBF 等数据库，如图 10 – 3 所示。

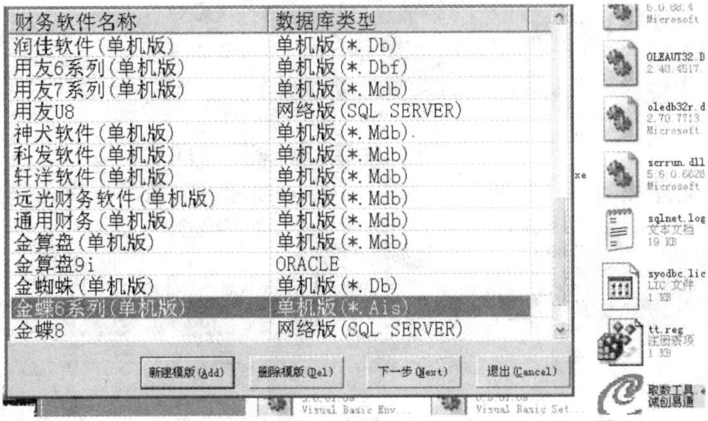

图 10 – 3　打开取数工具找到财务软件及相匹配的数据库类型

②下一步，搜索财务软件路径，如：C：\ProgramFiles\Kingdee\KIS\BZB，金蝶财务软件；搜索数据库路径，如：C：\ProgramFiles\Kingdee\KIS\BZB\Sample. Ais，如图 10－4 所示。

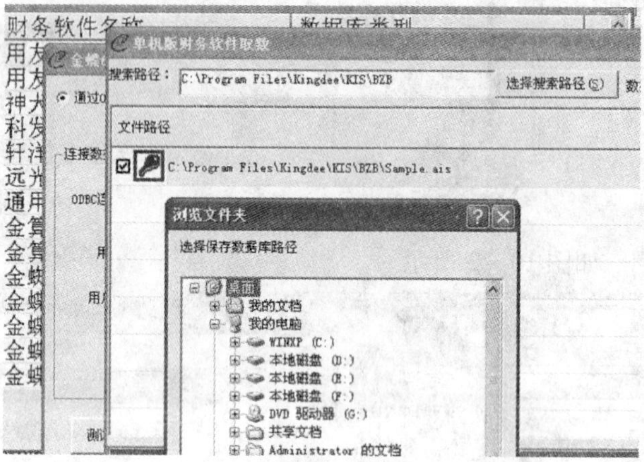

图 10－4　搜索财务软件路径和数据库路径并保存获取的数据

（3）数据转换：①选择财务软件（金蝶 6）并点击“转换数据”键，按保存数据的路径，打开文件，点击“打开”键，如图 10－5 所示。

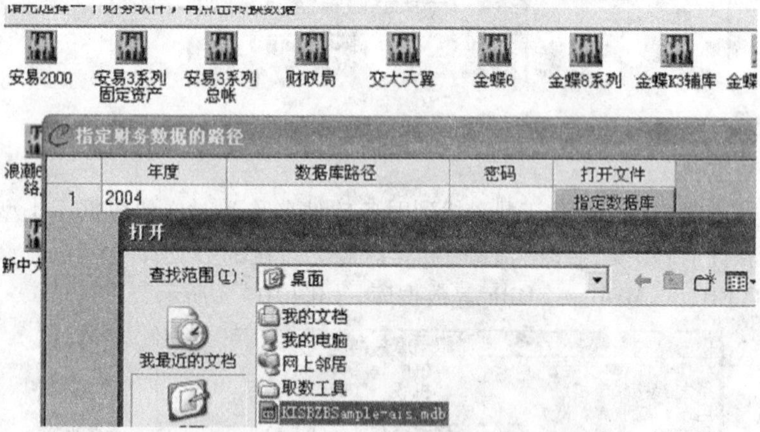

图 10－5　打开已保存数据（路径）的文件

②点击文件并确定，测试连接，如图 10－6 所示，显示数据库连接成功。

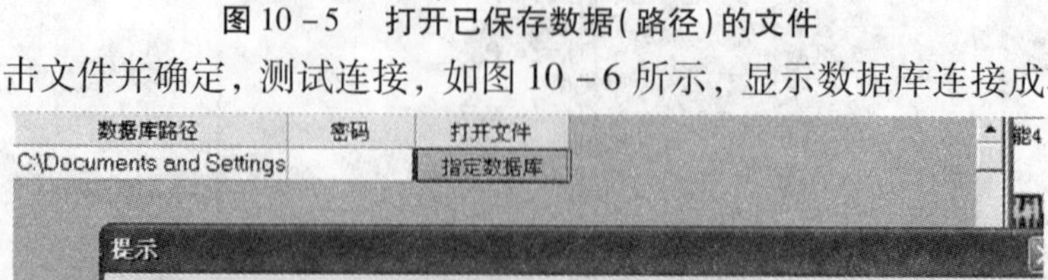

图 10－6　点击文件并测试连接（数据库连接成功）

③点击确定，如图 10－7 所示，转数成功。也就是说被审计单位的财务数据已转到审计

人员计算机的审计软件中。

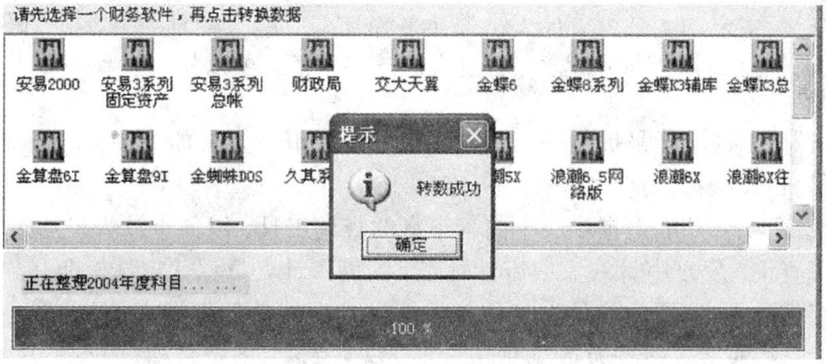

图 10－7　被审计单位财务转数被成功转到审计软件中

(4)自动生成账簿，如图 10－8 所示。

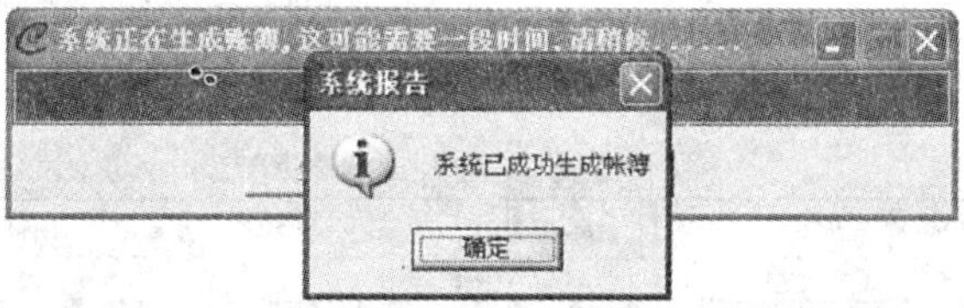

图 10－8　自动生成账簿

(5)自动生成报表，如图 10－9 所示。

图 10－9　自动生成报表

2. 审计实施

(1)综合查询：

审计软件会对被审计单位的财务数据进行查询管理，包括对会计凭证、会计账簿、会计报表、疑点字词、现金余额额度等进行查询。审计人员通过查询功能从中发现被审计单位财务情况、执行情况和异常情况。

①账簿查询：在审计过程中可随时查询账簿，从总账到明细账，再到记账凭证，而且能灵活地进行切换。通过查询，便于从账簿(宏观)发现审计线索，到记账凭证(微观)核实疑点。

②凭证查询：提供了按分录查询、按凭证查询，增大了查询结果的显示区域。该功能主要

是在凭证库中，对凭证的诸多要素，设定条件进行查询，从而发现审计疑点，进行疑点核实，找到审计线索。

③报表查询：主要功能是为审计人员提供一个工具，能方便地查看某个月份的报表，包括资产负债表、损益表和利润分配表，通过查询这些报表，可以从中发现一些审计疑点，迅速找到审计线索。

④科目浏览：主要功能是提供一个浏览工具，以便审计人员能方便地查看某个科目的总体发生情况和科目的设置情况。

⑤余额查询：主要功能是提供一个内容丰富的查询工具，以便审计人员通过对科目余额、明细账余额等查询，发现审计线索或审计疑点，帮助审计人员深化审计作业。

⑥疑点字词查询：主要功能是为审计人员提供一个特殊的查询方法与工具，根据某种特殊需要，仅仅以某些字或词语为条件进行查询。这是关注"敏感事项"的查账方法在审计软件中的应用。

⑦快速调凭：主要功能是方便审计人员在审计过程中，根据需要随时迅速地调阅凭证。

⑧自选金额查询：主要功能是为审计人员提供一个特殊查询方法，即仅仅以某个特殊金额区间为条件进行查询。这是关注"敏感数字"的查账方法在审计软件中的应用。

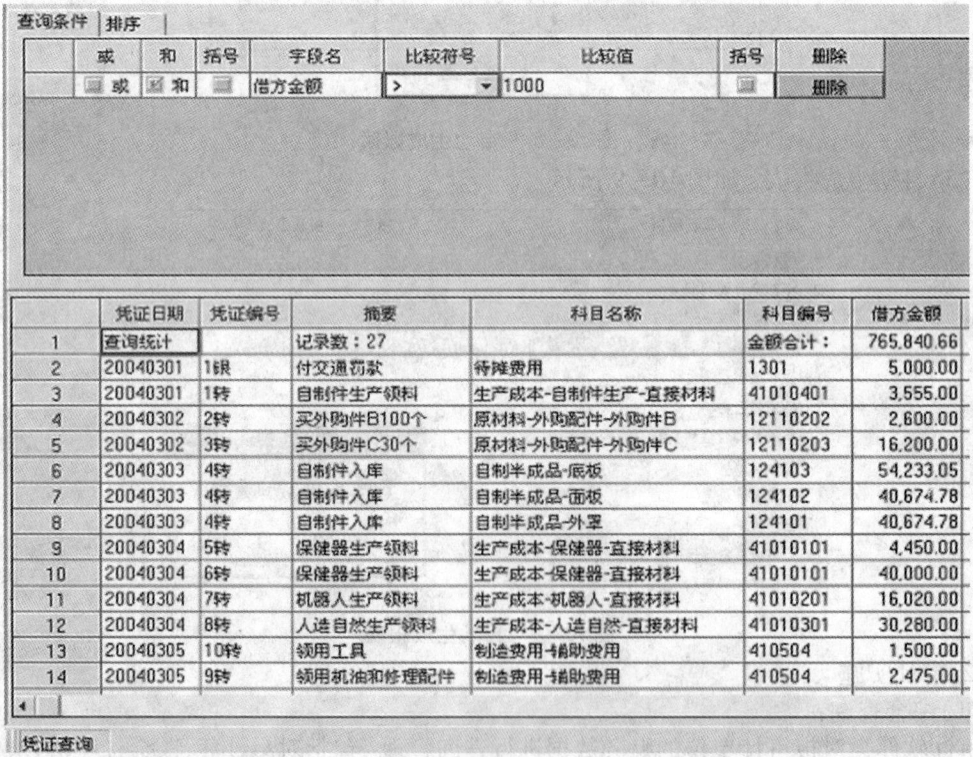

	凭证日期	凭证编号	摘要	科目名称	科目编号	借方金额
1	查询统计		记录数：27		金额合计：	765,840.66
2	20040301	1银	付交通罚款	待摊费用	1301	5,000.00
3	20040301	1转	自制件生产领料	生产成本-自制件生产-直接材料	41010401	3,555.00
4	20040302	2转	买外购件B100个	原材料-外购配件-外购件B	12110202	2,600.00
5	20040302	3转	买外购件C30个	原材料-外购配件-外购件C	12110203	16,200.00
6	20040303	4转	自制件入库	自制半成品-底板	124103	54,233.05
7	20040303	4转	自制件入库	自制半成品-面板	124102	40,674.78
8	20040303	4转	自制件入库	自制半成品-外罩	124101	40,674.78
9	20040304	5转	保健器生产领料	生产成本-保健器-直接材料	41010101	4,450.00
10	20040304	6转	保健器生产领料	生产成本-保健器-直接材料	41010101	40,000.00
11	20040304	7转	机器人生产领料	生产成本-机器人-直接材料	41010201	16,020.00
12	20040304	8转	人造自然生产领料	生产成本-人造自然-直接材料	41010301	30,280.00
13	20040305	10转	领用工具	制造费用-辅助费用	410504	1,500.00
14	20040305	9转	领用机油和修理配件	制造费用-辅助费用	410504	2,475.00

图 10－10　凭证借方金额大于 1 000 元的凭证资料

⑨明细账余额查询：主要功能是为审计人员提供一个便捷的查询工具及方法，根据审计人员的需要，可以对总账按单个科目进行"总账——明细账——凭证"在多个月份内进行查询；也可以对多个科目在单个月份内进行级次查询，最后也可以查到凭证。

⑩凭证情况检查表:凭证情况检查表的主要功能是,方便审计人员在审计过程中,根据需要能随时记录“需要调阅凭证”,并可以归结在一起,集中查询、打印等。

审计人员凭经验,按条件查询凭证,了解会计凭证填写的情况及判断其异常情况。按查询条件:凭证借方金额大于1 000元的凭证,如图10－10所示。

(2)综合分析:审计软件具有对被审计单位的财务数据进行分析的功能,包括科目结构分析、往来科目审计、负值分析、报表分析、杜邦分析等。

审计人员通过分析可以从中了解被审计单位的财务情况、执行情况及异常情况。

①科目分析:是一个综合性极强的针对科目进行分析的功能模块。如果是两年的数据,数据表中的显示的是两年中各个月的差额,以便于审计人员查询分析。

②科目配比分析:根据会计制度的“配比原则”,提供一个检查工具,检查相关科目之间的“配比”关系是否恰当,从而发现审计疑点或审计线索。

③对方科目分析:根据审计人员指定的科目,系统会自动分析调阅其对方科目,并按类别进行归总,便于审计人员更直观地进行检查分析,从而发现审计问题和审计疑点。

④负值分析:考虑负值多为冲调账情况,系统特意设立了“负值分析”功能。它主要是检查分析所有科目或某一科目出现负值的情况,以便发现财务数据的异常情况,或审计线索。

⑤报表项目增减分析:对被审计单位各月的报表进行分析,主要是分析报表的各个项目在不同时间点的增减情况。审计人员可以自行选择不同的时间点和报表项目,系统会自动计算出不同时间点之间相对的增额和增幅,用规范的数据来描述项目间此消彼长的关系。以便于审计人员快速的发现审计疑点或审计问题。

⑥趋势分析:以趋势图对科目或报表项目在某一个时间的发生变化趋势进行分析,从起伏变动较大的位置寻找疑点问题。审计人员也可以用这个功能对相关的科目进行四则运算,将结果以图形的方式表现出来,从而进一步在逻辑关系上对财务状况进行全方位的分析。

⑦杜邦分析:审计人员在进行对被审计单位财务状况的综合分析时,必须深入了解被审计单位财务状况内部的各项因素及其相互之间的关系,这样才能比较全面地揭示被审计单位财务状况的全貌。

⑧余额结构分析:针对被审计单位财务数据中各个科目的余额、借贷方发生额、借贷方累计发生额等进行结构上的分析,并一一列出他们的比重、发生次数、均值等,以供审计人员从中发现审计问题或审计疑点。

⑨摘要汇总分析:对被审计单位记账凭证中的摘要内容,结合发生额、发生频率等三位一体的要素进行汇总分析,既可以满足审计人员对其经济业务内容的分析,还可以实现从对相关经济业务的发生金额大小、涉及科目分类情况的分析中,发现审计疑点、审计线索,确定审计重点。这是关注“敏感事项”的查账方法在审计软件中的应用。

⑩往来科目实际收支分析:把货币资金、往来科目、收入类科目和成本费用及材料科目中相关的科目联系起来进行综合分析。帮助审计人员对往来科目的实际收入与支出情况进行分析,以便于发现往来科目中某些异常的情况。

对报表结构分析，如图 10 - 11 所示。

			分析报表结果		
项目	期初数	期末数	增减额	增减%	期初结构数%
流动负债:					
短期借款	1,000,000.00	1,000,000.00			3.48
应付票据					
应付账款	60,000.00	79,796.66	19,796.66	32.99	0.21
预收账款					
应付工资					
应付福利费	77,965.66	66,965.66	-11,000.00	-14.11	0.27
应付股利					
应交税金	128,265.00	143,548.34	15,283.34	11.92	0.45
其他应交款	2,125.00	2,125.00			0.01
其他应付款		64,000.00	64,000.00		
预提费用	10,000.00	10,000.00			0.03
预计负债					

图 10 - 11　报表结构分析

（3）审前预警：它包括科目预警、综合预警、大金额预警、资产负债表预警等内容。

①账簿平衡性预警：对账簿是否平衡进行检查。

②科目设置预警：系统将会计制度要求设置的科目，与被审计单位自行设置的科目，逐一对照，并将没有对照上的剩余科目提示出来，供审计人员从中发现疑点。

③科目名称规范化预警：帮助审计人员对被审计单位的科目名称和科目编号的设置是否规范，有无在同一个会计年度里，将"同一科目名称"设置"不同的科目编号"。

④科目级次规范化预警：帮助审计人员检查被审计单位的科目级次规范性，是否存在因该设置明细账，进行明细核算，而被审计单位却没有按会计制度要求，只设一级科目。

⑤报表一致性检查（检查资产负债总额结果）：在索取基本资料时，要求被审计单位提供资产负债等主要数据，然后与系统产生的相应报表电子数据进行比较。

⑥无发生额（无发生额科目）：检查被审计单位是否有长期挂账的情况。

⑦流动资产：主要是以图形的方式，形象地列示流动资产的起伏变化情况。

⑧流动负债：主要是以图形的方式，形象地列示流动负债的起伏变化情况。

⑨所有者权益：主要是以图形的方式，形象地列示所有者权益的起伏变化情况。

⑩资产负债表预警：在对其资产负债表变化情况进行检查，调用综合分析中的报表结构分析的部分功能，按大金额进行审前预警如图 10 - 12 所示。

	凭证日期	凭证编号	经济业务摘要	科目编号	科目名称	金额
1	20040308	2银	收销货款	100201	银行存款-工行高新办18640	105,300.00
2	20040331	14转	结转本期损益	510103	主营业务收入-人造自然销售收入	90,000.00
3	20040331	15转	结转本期损益	3131	本年利润	70,000.00
4	20040307	1现	付佣金	5501	营业费用	64,800.00
5	20040331	13转	结转折旧费用	410501	制造费用-总装车间	63,750.00
6	20040303	4转	自制件入库	124103	自制半成品-底板	54,233.05
7	20040303	4转	自制件入库	124101	自制半成品-外罩	40,674.78
8	20040303	4转	自制件入库	124102	自制半成品-面板	40,双击查看
9	20040331	13转	结转折旧费用	410502	制造费用-新品车间	40,416.67
10	20040304	6转	保健器生产领料	41010101	生产成本-保健器-直接材料	40,000.00

图 10－12　按大金额进行审前预警

（4）审计经验库：它包括按审计事项分类和按问题性质分类。将审计人员的一般经验，以审计程序、方法及问题的形式做在审计软件中，使用起来很方便。按审计事项分类的审计经验，如图 10－13 所示。

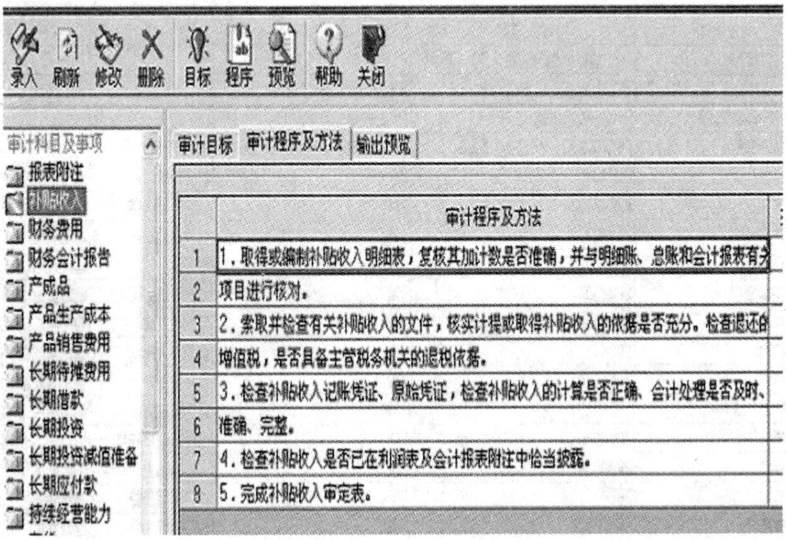

	审计程序及方法
1	1．取得或编制补贴收入明细表，复核其加计数是否准确，并与明细账、总账和会计报表有关
2	项目进行核对。
3	2．索取并检查有关补贴收入的文件，核实计提或取得补贴收入的依据是否充分。检查退还的
4	增值税，是否具备主管税务机关的退税依据。
5	3．检查补贴收入记账凭证、原始凭证，检查补贴收入的计算是否正确、会计处理是否及时、
6	准确、完整。
7	4．检查补贴收入是否已在利润表及会计报表附注中恰当披露。
8	5．完成补贴收入审定表。

图 10－13　按审计事项分类的补贴收入的审计经验

（5）内部控制测评：它包括内部控制调查表的记录、内部控制分析与评价等内容。

（6）工作底稿编制：审计人员根据审计程序、审计方法及审计证据，编制审计工作底稿如图 10－14 所示。

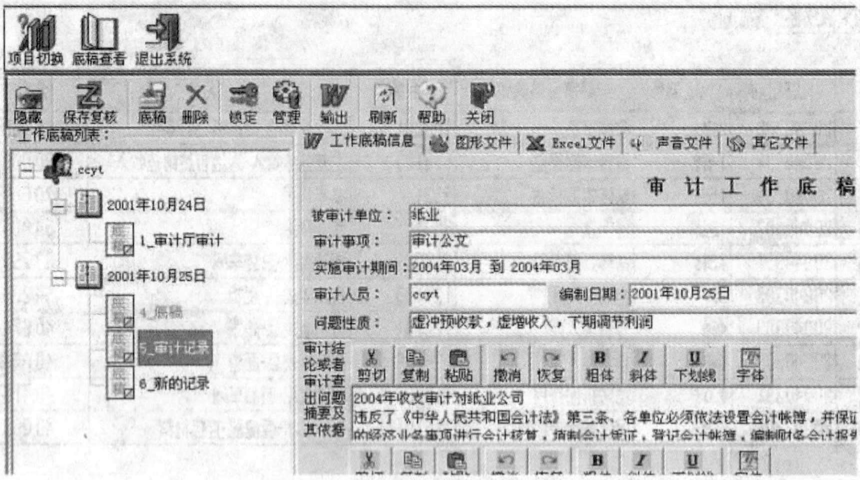

图 10－14　编制的审计工作底稿

(7)审计工具:它包括审计调整、PPS 抽样、底稿取数、银行对账转账、税金计算等内容。以 PPS 抽样为例，选取 PPS 参数，确定风险水平和误差，软件计算出下面结果，如图 10－15 所示。

	样本性质	凭证日期	凭证编号	摘要	科目名称
1	1PPS总体个数:32	PPS抽样个数:16 (重点:11,一般:5)	PPS抽样个数:50%		
2	2PPS总体面值:766,915.72	PPS重点样本值:640,129.28	PPS重点/总体:83.47%		
3	3PPS总体面值:766,915.72	PPS一般样本值:77,286.38	PPS一般/总体:10.08%		
4	4PPS总体面值:766,915.72	PPS样本值合计:717,415.66	PPS样本值合计/总体:93.55%		
5	重点样本	20040308	2银	收销货款	银行存款-工行高新办18640
6	重点样本	20040331	14转	结转本期损益	主营业务收入-人造自然销售收入
7	重点样本	20040331	15转	结转本期损益	本年利润
8	重点样本	20040307	1现	付佣金	营业费用
9	重点样本	20040331	13转	结转折旧费用	制造费用-总装车间
10	重点样本	20040303	4转	自制件入库	自制半成品-底板
11	重点样本	20040303	4转	自制件入库	自制半成品-外罩
12	重点样本	20040303	4转	自制件入库	自制半成品-面板
13	重点样本	20040331	13转	结转折旧费用	制造费用-新品车间
14	重点样本	20040304	6转	保健器生产领料	生产成本-保健器-直接材料
15	重点样本	20040304	8转	人造自然生产领料	生产成本-人造自然-直接材料
16	一般样本	20040331	16转	结转本期损益	本年利润
17	一般样本	20040331	13转	结转折旧费用	管理费用-折旧费用

图 10－15　PPS 统计抽样

3. 审计终结

(1)审计工作底稿的复核:对已编制好的审计工作底稿，审计人员进行复核并提出复核意见，如图 10－16 所示。此软件还有一个锁定键，点击“锁定键”后，审计工作底稿则不能修改。

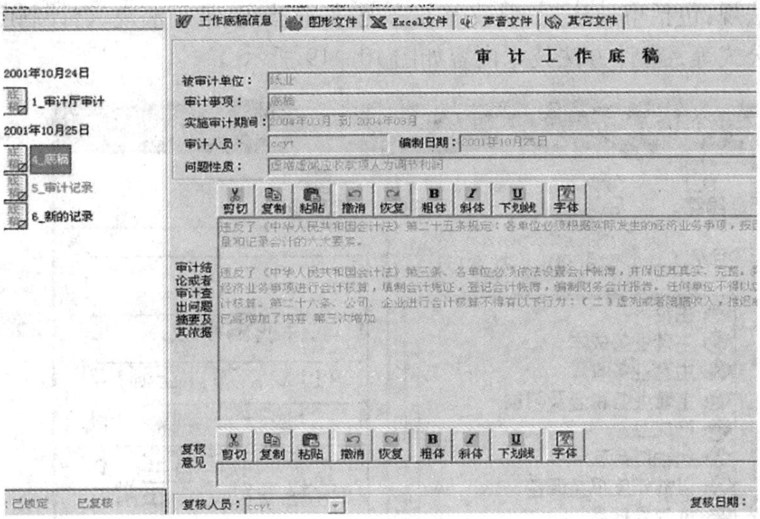

图 10－16　审计工作底稿的复核

（2）审计报告：根据已复核的审计工作底稿，将两张或两张以上审计工作底稿，进行汇总后，即可自动生成审计报告。先点击“管理”键，出现的画面，如图 10－17 所示。再点击“报告”键，自动生成审计报告。

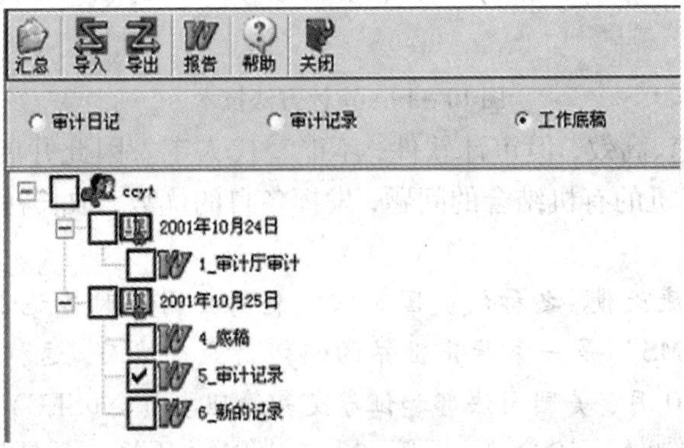

图 10－17　审计报告

（3）审计公文：包括审计公文编制和查看。是审计人员按法律法规要求，对被审计单位进行审计的依据。如审计通知书、审计听证会通知书等，如图 10－18 所示。

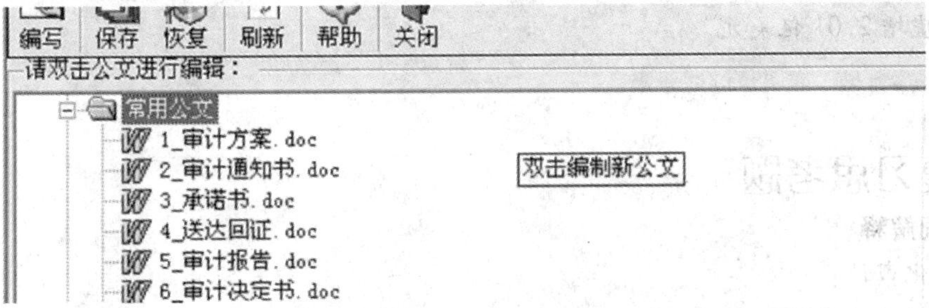

图 10－18　审计公文

(4)法律法规:包括审计法规、财政财务法规、行业法规、常用法规、会计制度法规、审计方法技巧和常用公式等，审计方法技术内容如图 10 – 19 所示 。

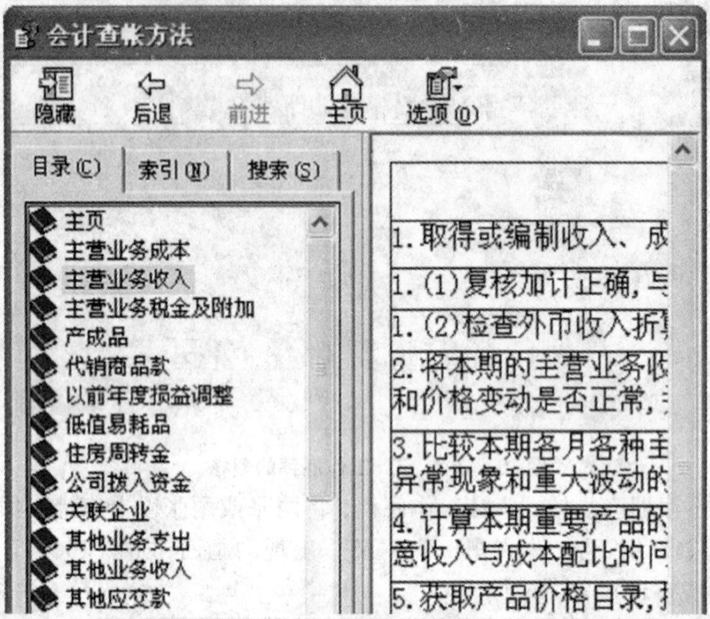

图 10 – 19　审计方法技术

利用软件审计快速、高效，但审计软件，不能替代人工。因此开展计算机辅助审计，必须要解决好人工与计算机的有机结合的问题，发挥各自的优势，取长补短。

课外阅读资料

舞弊案。素有"健康天使"之称的美国第四大制药公司百时美施贵宝(Bristol – My – ers Squibb Co. 以下简称"BMS")是一家蜚声世界的制药企业。然而，这样的一位健康天使最近却丑闻缠身。2002 年 10 月，美国司法部和证券交易管理委员会(SEC)宣布对 BMS 的收入确认和存货问题展开正式调查。2002 年 12 月，20 多位 BMS 的前任和现任高管人员向《华尔街日报》披露了该公司在收入确认、重组准备以及合并政策中的多项"会计阴谋";2003 年 3 月 10 日，BMS 对外公布了一份未经审计的重述报告，报告承认:1999 年至 2001 年，销售收入虚增 24.9 亿美元，净利润虚增 9.13 亿美元;2002 年前 6 个月的销售收入净额虚增 6.53 亿美元，净利润虚增 2.01 亿美元。

● 复习思考题

一、名词解释

1. 电算化审计:

2. 计算机辅助审计:

3. 金审工程:

4. 现场审计实施系统：

5. 审计软件：

二、简答题

1. 电算化审计有哪些特点？

2. 电算化审计与手工审计有哪些区别？

3. 电算化审计能取代人工审计吗，为什么？

4. 请查阅资料叙述我国金审工程的概况。

5. 请说明易通审计软件的主要步骤。

三、填空题

1. 审计信息化系统建设项目(简称金审工程)于______时间正式获得批准。

2. 金审工程的建设主要包括______、______、______、______、______和______6 个方面内容。

3. 目前，我国会计软件呈多样化，审计软件也多种多样，请列举至少三种审计软件名称______、______、和______。

4. 审计软件一般运行的软件环境主要有______、______和______等。

5. 审计软件中的获取数据最关键是要找到两个路径，一个是______，另一个是______。

三、单项选择题

1.《现场审计实施系统》在三个审计项目的试用中完成现场测试，于(　)时间正式推广使用。

A. 1998 年　　B. 2002 年

C. 2004 年 4 月　　D. 2004 年 7 月

2. 会计信息化发展的同时，出现了会计领域计算机作假和犯罪，揭露电子化条件下的经济犯罪和会计信息失真的问题，我们应该(　)。

A. 开展电算化审计　　B. 降低审计成本

C. 降低审计风险　　D. 规范审计工作程序

3. 审计软件中的数据转换是指(　)。

A. 将被审计单位财务数据取出并放到计算机上储存

B. 将被审计单位财务数据取出并转入到审计软件中来

C. 将被审计单位财务数据备份

D. 将被审计单位财务数据进行查询和分析

4. 第一次建立被审计单位信息，也称(　)。

A. 初始化被审计单位信息　　B. 初始化审计单位信息

C. 登录被审计单位已有的项目　　D. 登录审计单位已有项目

5. (　)成功后，才能生成账簿、生成报表等。

A. 数据转换　　B. 获取数据

C. 登录项目　　D. 新建单位和项目

四、多项选择题

1. 电算化审计特点有(　)。

A. 提高了审计工作效率　　　　　　B. 保证了审计数据准确性

C. 明确了审计工作重点　　　　　　D. 促进审计工作规范化

2. 计算机辅助审计的优点有(　　)。

A. 账、证、表查询快速　　　　　　B. 凭证记录简单

C. 数据分析、统计、汇总准确　　　D. 工作底稿制作方便

3. 审计软件运行的软件环境有(　　)。

A. 操作系统:Windows xp/2000/2003　　　B. 数据库:Sql server 2000

C. 其他:Office 2003　　　　　　　　　D. 打印机

4.《现场审计实施系统》,也称(　)。

A. 审计师办公室　　　　　　B. 英文名称 Auditor Office

C. 英文简称 AO 系统　　　　D. 金审工程

5. 审计软件中审计底稿生成审计报告, 需要(　　)。

A. 未复核　　　　　　B. 已复核

C. 未锁定　　　　　　D. 已锁定

五、案例分析题

1. 掌握审计软件的操作(正版或教学版)。

步骤一:事先要在会计软件上做出一套账, 填写凭证、登记账簿和编制报表。

步骤二:将会计软件的账(数据)转换到审计软件中来。

步骤三:使用审计软件的功能进行一些相关审计。

2. 利用软件中的审计工具, 对被审计单位报表进行分析(被审计单位会计报表是指利用会计软件所做的一套财务账)。

复习思考题参考答案

第一章

一、名词解释(略，详见教材)

二、填空题

1. 政府审计、民间审计和内部审计　2. 独立　3. 受托经济责任关系　4. 变化　5. 西周

三、单项选择题

1. B　2. A　3. A　4. D　5. C

四、多项选择题

1. ABC　2. BCD　3. AB　4. ABCD　5. ACD

五、案例分析题

1. 政府审计(某市审计局)。

2. 市审计局是审计人、国家是委托人、红日公司是被审计人。

3. 反映红日公司的财务收支经济活动。

4. 经济独立、机构独立、人员独立性较好，但业务工作独立较差。

第二章

一、名词解释(略，详见教材)

二、简答题(略，详见教材)

三、填空题

1. 不相容　2. 重大过失　3. 客观性、公正性　4. 独立性　5. 二年

四、多项选择题

1. ABC　2. AB　3. ABCD　4. ABD　5. ABC

五、判断题

1. ×　2. ×　3. ×　4. √　5. √

第三章

一、名词解释(略，见教材)

二、简答题(略，见教材)

三、填空题

1. 国家审计基本准则、通用审计准则和专业审计准则、审计指南。

2. 鉴证业务准则、相关服务准则和会计师事务所质量控制准则。

3. 层次性、时效性和地域性特征。

4. 审计准则、审阅准则和其他鉴证业务准则。

5. 内部审计基本准则、内部审计具体准则、内部审计实务指南三个层次组成。

四、判断题

1. ×　2. √　3. ×　4. √　5. ×

五、单项选择题

1. A　2. B　3. A　4. D　5. C

六、多项选择题

1. ACD　2. ABCDE　3. ABC　4. ABC　5. AB

七、案例分析题

(1)影响独立性。存在经济利益威胁。

(2)影响独立性。存在关联关系威胁。

(3)影响独立性。存在自我评价威胁。

(4)影响独立性。存在自我评价威胁。

(5)影响独立性。存在关联关系威胁。

第四章

一、名词解释(略，详见教材)

二、简答题(略，详见教材)

三、填空题

1. 存在　完整性　权利和义务

2. 适当性　完整性

3. 直接来自第三方的对有关信息和现存状况的声明

4. 可容忍偏差率

5. 相同特征(通常为货币金额)

四、单项选择题

1. A　2. A　3. B　4. B　5. B

五、多项选择题

1. ABCD　2. ABCDE　3. ABC　4. ABCD　5. AC

六、案例分析题

资料(一)

(1)填入现金盘点情况表略。

调整后的账面余额 = 2200 + 3200 - 2000 = 3400(元)；实存金额 = 3573 元。盘盈 = 173 元。超过限额 = 3573 - 2500 = 1073(元)

(2)出纳未及时做账；有白条顶库现象；查明盘盈原因；超过银行规定的限额送存银行。

资料(二)

(1)被查日存量 = 4000 + 1000 - 2000 = 3000(公斤)

(2)被审计单位结存量 = 2800(公斤) 两者不等，A 材料盘盈 200 公斤。进一步查明原因。

第五章

一、名词解释(略，详见教材)

二、简答题(略，详见教材)

三、单项选择题

1. D　2. B　3. A　4. B　5. B

四、多项选择题

1. ABC　2. ABC　3. ABCD　4. BD　5. BDE

五、案例分析题

1. 审计风险 = 重大错报风险 × 检查风险

检查风险＝审计风险/重大错报风险

可以算出：A 企业的检查风险＝1%/60%＝1.67%

B 企业的检查风险＝2%/56%＝3.57%

C 企业的检查风险＝3%/80%＝3.75%

D 企业的检查风险＝4%/72%＝5.56%

2. A 企业需要注册会计师获取最多的审计证据。因为审计证据和审计风险成反比，获取的审计证据越多，审计风险越小；获取的审计证据越少，审计风险越大。由于 A 企业可接受的审计风险最小，故应该获取最多的审计证据。

第六章

一、名词解释（略，见教材）

二、简答题（略，见教材）

三、单项选择题

1. B　2. A　3. B　4. C　5. C

四、多项选择题

1. ABCD　2. ABCD　3. ACD　4. AC　5. CD

6. ABC　7. AC　8. ACD　9. AD　10. AB

五、判断题

1. √　2. ×　3. ×　4. √　5. ×

六、案例分析题

资料（一）

1. 银行询证函比较可靠。因为银行询证函通常审计人员监督下寄给银行，然后银行直接回函给审计部门的证据；银行对账单则是通常由银行寄给被审计单位或者被审计单位的出纳亲自到银行取得，由被审计单位保管。

2. 审计人员盘点存货的记录可靠，因为审计人员盘点存货的记录属于外部证据，而客户自编的存货盘点表属于内部证据。一般情况下，外部证据比内部证据可靠。

3. 应收账款询证函的回函可靠，因为应收账款询证函的回函属于外部证据，而电脑打印的应收账款明细账属于内部证据。一般情况下，外部证据比内部证据可靠。

4. 律师声明书可靠。因为该证据属于外部证据，而被审计单位管理当局声明书属于内部证据。一般情况下，外部证据比内部证据可靠。

资料（二）

利润表中的异常波动项目：

营业收入、营业成本、管理费用、投资收益、营业外收入、营业外支出。

分析过程：营业收入比上年增加了 10000 万元，增幅为 25%；

营业成本增加了 7000 万元，增幅为 21.2%；

管理费用在 2006 年冲销过多，属异常的项目；

投资收益比上年增加了 3000 万元，增幅为 150%。

注册会计师了解到，Y 公司 2006 年度的经营形势、管理及组织架构与上年度比较未发生重大变化（与收入费用等有关），且未发生重大重组行为（与投资收益有关），这些项目波动的幅度较大，应认为异常。

第七章

一、名词解释(略，详见教材)

二、简答题(略，详见教材)

三、填空题

1. 记录　处理　报告
2. 特别授权　管理层制定的要求组织内部遵守的普遍适用于某类交易或活动的政策
3. 测试不留下书面记录的控制的运行情况
4. 风险评估过程　信息系统与沟通　控制活动
5. 控制测试

四、单项选择题

1. B　2. A　3. A　4. A　5. A

五、多项选择题

1. AC　2. AC　3. ABD　4. ABCDE　5. ABCD

六、案例分析题

对某市机械厂存货的内部控制提出的十个问题：

(1)存货采购是否有计划;存货入库是否有严格的验收制度。

(2)存货保管是否安全。

(3)存货记录是否职责分工。

(4)存货领用是否有出库手续。

(5)存货库存是否合理。

(6)存货结存是否有定期或不定期盘点制度。

(7)存货结存的方法是否保持稳定。

(8)存货是否有退料手续。

(9)存货的各环节是否有授权制度。

(10)存货工作是否有奖罚制度。

第八章

一、名词解释(略，见教材)

二、简答题(略，见教材)

三、判断题

1. ×　2. √　3. ×　4. ×　5. ×

四、单项选择题

1. C　2. A　3. B　4. A　5. B

五、案例分析题

1. 不正确，购入固定资产所发生的增值税应计入固定资产价值中去。

调整分录为：

借:固定资产　　6 120

　　贷:应交税费——应交增值税　　6 120

2. 接受投资方固定资产应按双方确认价值入账，并且全部计入实收资本账户。

调整分录为：

借：累计折旧　　20 000

　贷：固定资产　　20 000

借：资本公积　　10 000

　贷：实收资本　　10 000

3.（1）出现应付天河公司明细账户借方余额，应建议做重分类调整：

借：预付款项　　400 000

　贷：应付账款　　400 000

（2）按企业会计制度规定，不属于购销原因引起的应付账款不应在应付账款科目中反映。调整分录为：

借：应付账款　　500 000

　贷：其他应付款　　500 000

4.（1）购入存货截止的日期一般应为被审计年度的 12 月 31 日。购入截止测试的关键是购入存货纳入盘点范围的时间与纳入存货引起的双方会计科目入账时间是否处于同一个适当的会计期间。

（2）函证的替代程序是检查与销售有关的文件。包括销售合同、销售订单、销售发票副本及发运凭证等，验证这些应收账款的真实性。

（3）应建议 X 公司按会计制度规定将应付 U 公司 10000 元材料转入资本公积。调整分录如下：

借：应付账款——U 公司　　10 000

　贷：资本公积　　10 000

第九章

一、名词解释（略，见教材）

二、填空题

1. 带强调事项段的无保留意见的审计报告　　非无保留意见的审计报告

2. 签证

3. 负最终复核责任的合伙人　　一名负责该项目的注册会计师

4. 内部控制　　会计报表

5. 委托人

三、单项选择题

1. A　2. D　3. E　4. B　5. D

四、多项选择题

1. ABCD　2. ABC　3. ACD　4. ABC　5. BCD

五、案例分析题（略，见教材）

第十章

一、名词解释（略，见教材）

二、简答题（略，见教材）

三、填空题

1. 2002 年

2. 网络系统、应用系统、安全系统、机房设施、人员培训和标准规范

3. 通用审计系统、用友 GRP 审计软件、北京诚创易通审计软件

4. 操作系统: Windows xp/2000/2003 数据库: Sql server 2000 其他: Office 2003

5. 财务软件名称和对应的数据库类型

四、单项选择题

1. D 2. A 3. B 4. A 5. A

五、多项选择题

1. ABCD 2. ABCD 3. ABC 4. ABC 5. BCD

六、案例分析题(略，见教材)

附 录

附录一

中华人民共和国审计法

（1994 年 8 月 31 日第八届全国人民代表大会常务委员会第九次会议通过 根据 2006 年 2 月 28 日第十届全国人民代表大会常务委员会第二十次会议《关于修改〈中华人民共和国审计法〉的决定》修正）

第一章 总 则

第一条 为了加强国家的审计监督，维护国家财政经济秩序，提高财政资金使用效益，促进廉政建设，保障国民经济和社会健康发展，根据宪法，制定本法。

第二条 国家实行审计监督制度。国务院和县级以上地方人民政府设立审计机关。

国务院各部门和地方各级人民政府及其各部门的财政收支，国有的金融机构和企业事业组织的财务收支，以及其他依照本法规定应当接受审计的财政收支、财务收支，依照本法规定接受审计监督。

审计机关对前款所列财政收支或者财务收支的真实、合法和效益，依法进行审计监督。

第三条 审计机关依照法律规定的职权和程序，进行审计监督。

审计机关依据有关财政收支、财务收支的法律、法规和国家其他有关规定进行审计评价，在法定职权范围内作出审计决定。

第四条 国务院和县级以上地方人民政府应当每年向本级人民代表大会常务委员会提出审计机关对预算执行和其他财政收支的审计工作报告。审计工作报告应当重点报告对预算执行的审计情况。必要时，人民代表大会常务委员会可以对审计工作报告作出决议。

国务院和县级以上地方人民政府应当将审计工作报告中指出的问题的纠正情况和处理结果向本级人民代表大会常务委员会报告。

第五条 审计机关依照法律规定独立行使审计监督权，不受其他行政机关、社会团体和个人的干涉。

第六条 审计机关和审计人员办理审计事项，应当客观公正，实事求是，廉洁奉公，保守秘密。

第二章 审计机关和审计人员

第七条 国务院设立审计署，在国务院总理领导下，主管全国的审计工作。审计长是审计署的行政首长。

第八条 省、自治区、直辖市、设区的市、自治州、县、自治县、不设区的市、市辖区的人民政府的审计机关，分别在省长、自治区主席、市长、州长、县长、区长和上一级审计机关的领导下，负责本行政区域内的审计工作。

第九条 地方各级审计机关对本级人民政府和上一级审计机关负责并报告工作，审计业务以上级审计机关领导为主。

第十条 审计机关根据工作需要，经本级人民政府批准，可以在其审计管辖范围内设立派出机构。

派出机构根据审计机关的授权，依法进行审计工作。

第十一条 审计机关履行职责所必需的经费，应当列入财政预算，由本级人民政府予以保证。

第十二条 审计人员应当具备与其从事的审计工作相适应的专业知识和业务能力。

第十三条 审计人员办理审计事项，与被审计单位或者审计事项有利害关系的，应当回避。

第十四条 审计人员对其在执行职务中知悉的国家秘密和被审计单位的商业秘密，负有保密的义务。

第十五条 审计人员依法执行职务，受法律保护。

任何组织和个人不得拒绝、阻碍审计人员依法执行职务，不得打击报复审计人员。

审计机关负责人依照法定程序任免。审计机关负责人没有违法失职或者其他不符合任职条件的情况的，不得随意撤换。地方各级审计机关负责人的任免，应当事先征求上一级审计机关的意见。

第三章　审计机关职责

第十六条 审计机关对本级各部门（含直属单位）和下级政府预算的执行情况和决算以及其他财政收支情况，进行审计监督。

第十七条 审计署在国务院总理领导下，对中央预算执行情况和其他财政收支情况进行审计监督，向国务院总理提出审计结果报告。

地方各级审计机关分别在省长、自治区主席、市长、州长、县长、区长和上一级审计机关的领导下，对本级预算执行情况和其他财政收支情况进行审计监督，向本级人民政府和上一级审计机关提出审计结果报告。

第十八条 审计署对中央银行的财务收支，进行审计监督。审计机关对国有金融机构的资产、负债、损益，进行审计监督。

第十九条 审计机关对国家的事业组织和使用财政资金的其他事业组织的财务收支，进行审计监督。

第二十条 审计机关对国有企业的资产、负债、损益，进行审计监督。

第二十一条 对国有资本占控股地位或者主导地位的企业、金融机构的审计监督，由国务院规定。

第二十二条 审计机关对政府投资和以政府投资为主的建设项目的预算执行情况和决算，进行审计监督。

第二十三条 审计机关对政府部门管理的和其他单位受政府委托管理的社会保障基金、社会捐赠资金以及其他有关基金、资金的财务收支，进行审计监督。

第二十四条 审计机关对国际组织和外国政府援助、贷款项目的财务收支，进行审计监督。

第二十五条 审计机关按照国家有关规定，对国家机关和依法属于审计机关审计监督对象的其他单位的主要负责人，在任职期间对本地区、本部门或者本单位的财政收支、财务收支以及有关经济活动应负经济责任的履行情况，进行审计监督。

第二十六条 除本法规定的审计事项外，审计机关对其他法律、行政法规规定应当由审计机关进行审计的事项，依照本法和有关法律、行政法规的规定进行审计监督。

第二十七条 审计机关有权对与国家财政收支有关的特定事项，向有关地方、部门、单位进行专项审计调查，并向本级人民政府和上一级审计机关报告审计调查结果。

第二十八条 审计机关根据被审计单位的财政、财务隶属关系或者国有资产监督管理关系，确定审计管辖范围。

审计机关之间对审计管辖范围有争议的，由其共同的上级审计机关确定。

上级审计机关可以将其审计管辖范围内的本法第十八条第二款至第二十五条规定的审计事项，授权下级审计机关进行审计；上级审计机关对下级审计机关审计管辖范围内的重大审计事项，可以直接进行审计，但是应当防止不必要的重复审计。

第二十九条 依法属于审计机关审计监督对象的单位，应当按照国家有关规定建立健全内部审计制度；其内部审计工作应当接受审计机关的业务指导和监督。

第三十条 社会审计机构审计的单位依法属于审计机关审计监督对象的，审计机关按照国务院的规定，有权对该社会审计机构出具的相关审计报告进行核查。

第四章 审计机关权限

第三十一条 审计机关有权要求被审计单位按照审计机关的规定提供预算或者财务收支计划、预算执行情况、决算、财务会计报告，运用电子计算机储存、处理的财政收支、财务收支电子数据和必要的电子计算机技术文档，在金融机构开立账户的情况，社会审计机构出具的审计报告，以及其他与财政收支或者财务收支有关的资料，被审计单位不得拒绝、拖延、谎报。

被审计单位负责人对本单位提供的财务会计资料的真实性和完整性负责。

第三十二条 审计机关进行审计时，有权检查被审计单位的会计凭证、会计账簿、财务会计报告和运用电子计算机管理财政收支、财务收支电子数据的系统，以及其他与财政收支、财务收支有关的资料和资产，被审计单位不得拒绝。

第三十三条 审计机关进行审计时，有权就审计事项的有关问题向有关单位和个人进行调查，并取得有关证明材料。有关单位和个人应当支持、协助审计机关工作，如实向审计机关反映情况，提供有关证明材料。

审计机关经县级以上人民政府审计机关负责人批准，有权查询被审计单位在金融机构的账户。

审计机关有证据证明被审计单位以个人名义存储公款的，经县级以上人民政府审计机关主要负责人批准，有权查询被审计单位以个人名义在金融机构的存款。

第三十四条 审计机关进行审计时，被审计单位不得转移、隐匿、篡改、毁弃会计凭证、会计账簿、财务会计报告以及其他与财政收支或者财务收支有关的资料，不得转移、隐匿所持有的违反国家规定取得的资产。

审计机关对被审计单位违反前款规定的行为，有权予以制止；必要时，经县级以上人民政府审计机关负责人批准，有权封存有关资料和违反国家规定取得的资产；对其中在金融机构的有关存款需要予以冻结的，应当向人民法院提出申请。

审计机关对被审计单位正在进行的违反国家规定的财政收支、财务收支行为，有权予以制止；制止无效的，经县级以上人民政府审计机关负责人批准，通知财政部门和有关主管部门暂停拨付与违反国家规定的财政收支、财务收支行为直接有关的款项，已经拨付的，暂停使用。

审计机关采取前两款规定的措施不得影响被审计单位合法的业务活动和生产经营活动。

第三十五条 审计机关认为被审计单位所执行的上级主管部门有关财政收支、财务收支的规定与法律、行政法规相抵触的，应当建议有关主管部门纠正；有关主管部门不予纠正的，审计机关应当提请有权处理的机关依法处理。

第三十六条 审计机关可以向政府有关部门通报或者向社会公布审计结果。

审计机关通报或者公布审计结果，应当依法保守国家秘密和被审计单位的商业秘密，遵守国务院的有关规定。

第三十七条 审计机关履行审计监督职责，可以提请公安、监察、财政、税务、海关、价格、工商行政管理等机关予以协助。

第五章　审计程序

第三十八条 审计机关根据审计项目计划确定的审计事项组成审计组，并应当在实施审计三日前，向被审计单位送达审计通知书；遇有特殊情况，经本级人民政府批准，审计机关可以直接持审计通知书实施审计。

被审计单位应当配合审计机关的工作，并提供必要的工作条件。

审计机关应当提高审计工作效率。

第三十九条 审计人员通过审查会计凭证、会计账簿、财务会计报告，查阅与审计事项有关的文件、资料，检查现金、实物、有价证券，向有关单位和个人调查等方式进行审计，并取得证明材料。

审计人员向有关单位和个人进行调查时，应当出示审计人员的工作证件和审计通知书副本。

第四十条 审计组对审计事项实施审计后，应当向审计机关提出审计组的审计报告。审计组的审计报告报送审计机关前，应当征求被审计对象的意见。被审计对象应当自接到审计组的审计报告之日起十日内，将其书面意见送交审计组。审计组应当将被审计对象的书面意见一并报送审计机关。

第四十一条 审计机关按照审计署规定的程序对审计组的审计报告进行审议，并对被审计对象对审计组的审计报告提出的意见一并研究后，提出审计机关的审计报告；对违反国家规定的财政收支、财务收支行为，依法应当给予处理、处罚的，在法定职权范围内作出审计决定或者向有关主管机关提出处理、处罚的意见。

审计机关应当将审计机关的审计报告和审计决定送达被审计单位和有关主管机关、单位。审计决定自送达之日起生效。

第四十二条 上级审计机关认为下级审计机关作出的审计决定违反国家有关规定的，可以责成下级审计机关予以变更或者撤销，必要时也可以直接作出变更或者撤销的决定。

第六章 法律责任

第四十三条 被审计单位违反本法规定，拒绝或者拖延提供与审计事项有关的资料的，或者提供的资料不真实、不完整的，或者拒绝、阻碍检查的，由审计机关责令改正，可以通报批评，给予警告；拒不改正的，依法追究责任。

第四十四条 被审计单位违反本法规定，转移、隐匿、篡改、毁弃会计凭证、会计账簿、财务会计报告以及其他与财政收支、财务收支有关的资料，或者转移、隐匿所持有的违反国家规定取得的资产，审计机关认为对直接负责的主管人员和其他直接责任人员依法应当给予处分的，应当提出给予处分的建议，被审计单位或者其上级机关、监察机关应当依法及时作出决定，并将结果书面通知审计机关；构成犯罪的，依法追究刑事责任。

第四十五条 对本级各部门(含直属单位)和下级政府违反预算的行为或者其他违反国家规定的财政收支行为，审计机关、人民政府或者有关主管部门在法定职权范围内，依照法律、行政法规的规定，区别情况采取下列处理措施：

(一)责令限期缴纳应当上缴的款项；

(二)责令限期退还被侵占的国有资产；

(三)责令限期退还违法所得；

(四)责令按照国家统一的会计制度的有关规定进行处理；

(五)其他处理措施。

第四十六条 对被审计单位违反国家规定的财务收支行为，审计机关、人民政府或者有关主管部门在法定职权范围内，依照法律、行政法规的规定，区别情况采取前条规定的处理措施，并可以依法给予处罚。

第四十七条 审计机关在法定职权范围内作出的审计决定，被审计单位应当执行。

审计机关依法责令被审计单位上缴应当上缴的款项，被审计单位拒不执行的，审计机关应当通报有关主管部门，有关主管部门应当依照有关法律、行政法规的规定予以扣缴或者采取其他处理措施，并将结果书面通知审计机关。

第四十八条 被审计单位对审计机关作出的有关财务收支的审计决定不服的，可以依法申请行政复议或者提起行政诉讼。

被审计单位对审计机关作出的有关财政收支的审计决定不服的，可以提请审计机关的本级人民政府裁决，本级人民政府的裁决为最终决定。

第四十九条 被审计单位的财政收支、财务收支违反国家规定，审计机关认为对直接负责的主管人员和其他直接责任人员依法应当给予处分的，应当提出给予处分的建议，被审计单位或者其上级机关、监察机关应当依法及时作出决定，并将结果书面通知审计机关。

第五十条 被审计单位的财政收支、财务收支违反法律、行政法规的规定，构成犯罪的，依法追究刑事责任。

第五十一条 报复陷害审计人员的，依法给予处分；构成犯罪的，依法追究刑事责任。

第五十二条 审计人员滥用职权、徇私舞弊、玩忽职守或者泄露所知悉的国家秘密、商业秘密的，依法给予处分；构成犯罪的，依法追究刑事责任。

第七章　附　　则

第五十三条 中国人民解放军审计工作的规定，由中央军事委员会根据本法制定。

第五十四条 本法自 1995 年 1 月 1 日起施行。1988 年 11 月 30 日国务院发布的《中华人民共和国审计条例》同时废止。

附录二

中华人民共和国注册会计师法

第一章 总则

第一条 为了发挥注册会计师在社会经济活动中的鉴证和服务作用，加强对注册会计师的管理，维护社会公共利益和投资者的合法权益，促进社会主义市场经济的健康发展，制定本法。

第二条 注册会计师是法律取得注册会计师证书并接受委托从事审计和会计咨询、会计服务业务的执业人员。

第三条 会计师事务所是依法设立并承办注册会计师业务的机构。注册会计师执行业务，应当加入会计师事务所。

第四条 注册会计师协会是由注册会计师组成的社会团体。中国注册会计师协会是注册会计师的全国组织，省、自治区、直辖市注册会计师协会是注册会计师的地方组织。

第五条 国务院财政部门和省、自治区、直辖市人民政府财政部门，依法对注册会计师、会计师事务所和注册会计师协会进行监督、指导。

第六条 注册会计师和会计师事务所执行业务，必须遵守法律、行政法规。注册会计师和会计师事务所依法独立、公证执行业务，受法律保护。

第二章 考试和注册

第七条 国家实行注册会计师全国统一考试制度。注册会计师全国统一考试办法，由国务院财政部门制定，由中国注册会计师协会组织实施。

第八条 具有高等专科以上学校毕业的学历、或者具有会计或者相关专业中级以上技术职称的中国公民，可以申请参加注册会计师全国统一考试；具有会计或者相关专业高级技术职称的人员，可以免予部分科目的考试。

第九条 参加注册会计师全国统一考试成绩合格，并从事审计业务工作二年以上的，可以向省、自治区、直辖市注册会计师协会申请注册。

除有本法第十条所列情形外，受理申请的注册会计师协会应当准予注册。

第十条 有下列情形之一的，受理申请的注册会计师协会不予注册：

（一）不具有完全民事行为能力的；

（二）因受刑事处罚，自刑罚执行完毕之日起至申请注册之日止不满五年的；

（三）因在财务、会计、审计、企业管理或者其他经济管理工作中犯有严重错误受行政处罚、撤职以上处分，自处罚、处分决定之日起至申请注册之日止不满二年的；

（四）受吊销注册会计师证书的处罚，自处罚决定之日起至申请注册之日止不满五年的；

（五）国家院财政部门规定的其他不予注册的情形的。

第十一条 注册会计师协会应当将准予注册的人员名单报国务院财政部门备案。国务院财政部门发现注册会计师协会的注册不符合本法规定的，应当通知有关的注册会计师协会撤销注册。

注册会计师协会依照本法第十条的规定不予注册的，应当自决定之日起十五日内书面通知申请人。申请人有异议的，可以自收到通知之日起十五日内向国务院财政部门或者省、自治区、直辖市人民政府财政部门申请复议。

第十二条 准予注册的申请人，由注册会计师协议发给国务院财政部门统一制定 的注册会计师证书。

第十三条 已取得注册会计师证书的人员，除本法第十一条第一款规定的情形外，注册后有下列情形之一的，由准予注册的注册会计师协会撤销注册，收回注册会计师证书：

（一）完全丧失民事行为能力的；

（二）受刑事处罚的；

（三）因在财务、会计、审计、企业管理或者其他经济管理工作中犯有严重错误受行政处罚、撤职以上处分的；

（四）自行停止执行注册会计师业务满一年的。

被撤销注册的当事人有异议的，可以自接到撤销注册、收回注册会计师证书的通知之日起15日内向国务院财政部门或省、自治区、直辖市人民政府财政部门申请复议。依照第一款规定被撤销注册的人员可以重新申请注册。但必须符合本法第九条、第十条的规定。

第三章 业务范围和规则

第十四条 注册会计师承办下列审计业务：

（一）审查企业会计报表，出具审计报告；

（二）验证企业资本，出具验资报告；

（三）办理企业合并、分立、清算事宜中的审计业务，出具有关的报告；

（四）法律、行政法律规定的其他审计业务。

注册会计师依法执行审计业务出具的报告，具有证明效力。

第十五条 注册会计师可以承办会计咨询、会计服务业务。

第十六条 注册会计师承办业务、由其所在的会计师事务所统一受理并与委托人签订委托合同。

会计师事务所对本所注册会计师依照前款规定承办的业务，承担民事责任。

第十七条 注册会计师执行业务，可以根据需要查阅委托人的有关会计资料和文件，察看委托人的业务现场和设施，要求委托人提供其他必要的协助。

第十八条 注册会计师与委托人有利害关系的，应当回避；委托人有权要求其回避。

第十九条 注册会计师对在执行业务中知悉的商业秘密，负有保密义务。

第二十条 注册会计师执行审计业务，遇有下列情形之一的，应当拒绝出具有关报告：

（一）委托人示意其作不实或者不当证明的；

（二）委托人故意不提供有关会计资料和文件的；

（三）因委托人有其他不合理要求，致使注册会计师出具的报告不能对财务会计的重要事项作出正确表述的。

第二十一条 注册会计师执行审计业务，必须按照执业准则、规则确定的工作程序出具报告。

注册会计师执行审计业务出具报告时，不得有下列行为：

（一）明知委托人对重要事项的财务会计处理与国家有关规定相抵触，而不予指明；

（二）明知委托人的财务会计处理会直接损害报告使用人或者其他利害关系人的利益，而予以隐瞒或者作不实的报告；

（三）明知委托人的财务会计处理会导致报告使用人或者其他利害关系人产生重大误解，而不予指明；

（四）明知委托人的会计报表的重要事项有其他不实的内容，而不予指明。对委托人有前款所列行为，注册会计师按照执业准则、规则应当知道的，使用前款规定。

第二十二条 注册会计师不得有下列行为：

（一）在执行审计业务期间，在法律、行政法规规定不得买卖被审计单位的股票、债券或者不得购买被审计单位或者个人的其他财产的期限内，买卖被审计单位的股票、债券或者购买被审计单位或者个人所拥有的其他财产；

（二）索取、收受委托合同约定以外的酬金或者其他财务，或者利用执行业务之便，谋取其他不正当的利益；

（三）接受委托催收债款；

（四）允许他人以本人名义执行业务。

（五）同时在两个或者两个以上的会计师事务所执行业务；

（六）对其能力进行广告宣传以招揽业务；

（七）违反法律、行政法规的其他行为。

第四章 会计师事务所

第二十三条 会计师事务所可以由注册会计师合伙设立。

合伙设立的会计师事务所的债务，由合伙人按照出资比例或者协议的约定，以各自的财产承担责任。合伙人对会计师事务所的债务承担连带责任。

第二十四条 会计师事务所符合下列条件的，可以是负有限责任的法人：

（一）不少于 30 万元的注册资本；

（二）有一定数量的专职从业人员，其中至少有五名注册会计师；

（三）国务院财政部门规定的业务范围和其他条件。

负有限责任的会计师事务所以其全部资产对其债务承担责任。

第二十五条 设立会计师事务所，由国务院财政部门或者省、自治区、直辖市人民政府财政部门批准。

申请设立会计师事务所，申请者应当向审批机关报送下列文件：

（一）申请书；

（二）会计师事务所的名称、组织机构和业务场所；

（三）会计师事务所章程，有合伙协议的并应报送合伙协议；

（四）注册会计师名单、简历及有关证明文件；

（五）会计师事务所主要负责人、合伙人的姓名、简历及有关证明文件；

（六）负有限责任的会计师事务所的出资证明；

（七）审批机关要求的其他文件。

第二十六条 审批机关应当自收到申请文件之日起30日内决定批准或者不批准。省、自治区、直辖市人民政府财政部门批准的会计师事务所，应当报国务院财政部门备案。国务院财政部门发现批准不当的，应当自收到备案报告之日起30日内通知原审批机关重新审查。

第二十七条 会计师事务所设立分支机构，须经分支机构所在地的省、自治区、直辖市人民政府财政部门批准。

第二十八条 会计师事务所依法纳税。

会计师事务所按照国务院财政部门的规定建立职业风险基金，办理职业保险。

第二十九条 会计师事务所受理业务，不受行政区域、行业的限制；但是，法律、行政法规另有规定的除外。

第三十条 委托人委托会计师事务所办理业务，任何单位和个人不得干预。

第三十一条 本法第十八条至第二十一条的规定，适用于会计师事务所。

第三十二条 会计师事务所不得有本法第二十二条第（一）项至第（四）项、第（六）项、第（七）项所列的行为。

第五章 注册会计师协会

第三十三条 注册会计师应当加入注册会计师协会。

第三十四条 中国注册会计师协会的章程由全国会员代表大会制定，并报国务院 财政部门备案；省、自治区、直辖市注册会计师协会的章程由省、自治区、直辖市会员代表大会制定，并报省、自治区、直辖市人民政府财政部门备案。

第三十五条 中国注册会计师协会依法拟订注册会计师执业准则、规则，报国务院财政部门批准后施行。

第三十六条 注册会计师协会应当支持注册会计师依法执行业务，维护其合法权益，向有关方面反映其意见和建议。

第三十七条 注册会计师协会应当对注册会计师的任职资格和执业情况进行年度检查。

第三十八条 注册会计师协会依法取得社会团体法人资格。

第六章 法律责任

第三十九条 会计师事务所违反本法第二十条、第二十一条规定的，由省级以上人民政府财政部门给予警告，没收违法所得，可以并处违法所得一倍以上五倍以下的罚款；情节严重的，并可以由省级以上人民政府财政部门暂停其经营业务或者予以撤销。

注册会计师违反本法第二十条、第二十一条规定的，由省级以上人民政府财政部门给予警告;情节严重的，可以由省级以上人民政府财政部门暂停其执行业务或者吊销注册会计师证书。

会计师事务所、注册会计师违反本法第二十条、第二十一条的规定，故意出具虚假审计报告、验资报告，构成犯罪的，依法追究刑事责任。

第四十条 对未经批准承办本法第十四条规定的注册会计师业务的单位，由省级以上人民政府财政部门责令其停止违法活动，没收违法所得，可以并处违法所得一倍以上五倍以下的罚款。

第四十一条 当事人对行政处罚决定不服的，可以在接到处罚通知之日起 15 日内向作出处罚决定的机关的上一级机关申请复议;当事人也可以在接到处罚决定通知之日起 15 日内直接向人民法院起诉。

复议机关应当在接到复议申请之日起 60 日内作出复议决定。当事人对复议决定不服的，可以在接到复议决定之日起十五日内向人民法院起诉。复议机关逾期不作出复议决定的，当事人可以在复议期满之日起 15 日内向人民法院起诉。

当事人逾期不申请复议，也不向人民法院起诉，又不履行处罚决定的，作出处罚决定的机关可以申请人民法院强制执行。

第四十二条 会计师事务所违反本法规定，给委托人、其他利害关系人造成损失的，应当依法承担赔偿责任。

第七章 附 则

第四十三条 在审计事务所工作的注册审计师，经认定为具有注册会计师资格的，可以执行本法规定的业务，其资格认定和对其监督、指导、管理的办法由国务院另行规定。

第四十四条 外国人申请参加中国注册会计师全国统一考试和注册，按照互惠原则办理。外国会计师事务所在中国境内设立常驻代表机构，须报国务院财政部门批准。外国会计师事务所与中国的会计师事务所共同举办中外合作会计师事务所，须经国务院对外经济贸易主管部门或者国务院授权的部门和省级人民政府审查同意后报国务院财政部门批准。

除前款规定的情形外，外国会计师事务所需要在中国境内临时办理有关业务的，须经有关的省、自治区、直辖市人民政府财政部门批准。

第四十五条 国务院可以根据本法制定实施条例。

第四十六条 本法自 1994 年 1 月 1 日起施行。1986 年 7 月 3 日国务院发布的《中华人民共和国注册会计师条例》同时废止。

附录三

中国注册会计师胜任能力指南

第一章　总则

第一条　为满足社会经济发展对注册会计师胜任能力日益提高的要求，明确注册会计师应当具有的专业素质和实务经历，提供注册会计师培养和选拔的衡量标准，指导注册会计师教育、考试、培训等人才培养工作，制定本指南。

第二条　本指南适用于任何拟成为或已成为注册会计师的个人，以及有义务培养注册会计师的各类组织和机构。

第三条　本指南涉及的主要术语的涵义如下：

（一）胜任能力，是指注册会计师能够在实务工作环境中按照设定的标准完成工作任务。胜任能力是以注册会计师的专业素质为基础的。

（二）专业素质，是指注册会计师为实现胜任能力而应当具有的专业知识、职业技能、职业价值观、道德与态度。对处于不同职业阶段的注册会计师，其专业素质的水平存在差异，且需要通过终身学习加以培养、保持和提高。

（三）专业知识，是指构成注册会计师知识主体的会计、审计、财务、税务、相关法律、组织和企业、信息技术以及其他相关知识。

（四）职业技能，是指在职业环境中合理、有效地运用专业知识、并保持职业价值观、道德与态度的各种能力，包括智力技能、技术和应用技能、个人技能、人际和沟通技能、组织和企业管理技能等。

（五）职业价值观、道德与态度，是指注册会计师作为本职业成员所特有的职业行为和特征，包括能够明显表现职业行为和特征的道德原则。

（六）实务经历，是指注册会计师在取得执业资格之前或之后的、与注册会计师工作相关的执业经历。该经历是个人培养和展示胜任能力的必要途径。

（七）申请人，是指拟申请注册会计师执业资格的个人。

（八）项目负责人，是指会计师事务所中负责某项审计业务或其他业务的执行，并代表会计师事务所在审计报告或其他业务报告上签字的主任会计师或经授权签字的注册会计师。

（九）学历教育，是指受教育者经过国家教育考试或者国家规定的其他入学方式，进入国家有关部门批准的学校或者其他教育机构学习，获得国家承认的学历证书的教育形式。

（十）职业教育，是指申请人参加的与职业相关的资格前教育，以及注册会计师参加的职业继续教育。

（十一）职业继续教育，是指注册会计师在取得执业资格之后，为保持和提高专业素质以胜任其工作而进行的学习活动。

第二章　专业知识

第一节　总体要求

第四条　注册会计师应当具备足够的专业知识，以便能够在日益复杂、不断变化的职业环境中胜任工作。

第五条　注册会计师应当具备的专业知识包括：

（一）会计、审计、财务、税务、相关法律及相关知识；

（二）组织和企业知识；

（三）信息技术知识。

第六条　专业知识可用以培养职业技能。培养终身学习的技能、态度和价值观与学习知识本身同样重要。

第七条　注册会计师需要具备的专业知识是不断变化和扩展的，从事特定环境或行业所需要的专业知识也存在差异，注册会计师应当持续更新其专业知识。

注册会计师获取专业知识至少应当通过学历教育阶段。

第二节　会计、审计、财务、税务、相关法律及相关知识

第八条　注册会计师应当获取会计、审计、财务、税务、相关法律及相关知识，以便为其职业生涯提供核心的技术基础。

第九条　会计、审计、财务、税务、相关法律及相关知识至少应当涵盖下列学科领域：

（一）财务会计与报告；

（二）管理会计与内部控制；

（三）税务；

（四）经济法与商法；

（五）审计、审阅及其他鉴证业务；

（六）金融与财务管理；

（七）资产和负债的估价；

（八）职业价值观与道德。

第十条　会计、审计、财务、税务、相关法律及相关知识的内容至少应当包括：

（一）会计职业与会计思想史；

（二）供内部和外部使用的有关组织运营的报告的内容、概念、结构与含义；

（三）中国企业会计准则和中国注册会计师执业准则以及国际财务报告准则和国际审计准则；

（四）会计监管；

（五）管理会计，包括计划、预算、成本管理、质量控制、业绩衡量与评价；

（六）内部控制知识，包括控制的概念、方法与程序；

（七）税务及其对财务和管理决策的影响；

（八）经济和商业法律环境知识；

（九）审计、审阅及其他鉴证服务的知识，包括风险评估和舞弊检查以及在执行审计、审阅

和其他鉴证服务时所实施的程序；

（十）金融与财务管理知识，包括财务报表分析、金融工具、国内与国际资本市场及资源管理；

（十一）资产和负债估价的知识；

（十二）注册会计师的职业责任，包括道德责任和法律责任；

（十三）政府和非营利组织会计；

（十四）在企业中对非财务业绩指标的应用。

第三节　组织和企业知识

第十一条　组织和企业知识能够提供有关客户运营及其环境的知识，并为职业技能的运用提供背景。

组织和企业知识包括企业、政府及非营利组织如何组织、如何筹资、如何管理及其运营环境的知识。

具备组织和企业知识并不等同于要求具备承担、参与管理的能力和经验。

第十二条　组织和企业知识至少应当涵盖下列学科领域：

（一）经济学；

（二）商业环境；

（三）公司治理；

（四）商业道德；

（五）金融市场；

（六）定量方法；

（七）组织行为；

（八）管理和战略决策；

（九）市场营销；

（十）国际商务与全球化。

第十三条　组织和企业知识的内容至少应当包括：

（一）宏观经济学和微观经济学；

（二）企业与金融市场及其运作；

（三）定量方法和统计学在商业中的应用；

（四）公司治理和商业道德；

（五）组织及其运营的环境，包括主要的经济、法律、政治、社会、技术、国际和文化因素，以及这些因素的影响和作用；

（六）环境保护问题和可持续发展；

（七）组织中的人际关系和团队协调，包括发起和应对组织变革的方法；

（八）人事和人力资源问题；

（九）项目管理；

（十）决策支持和战略，包括商业建议、战略管理和一般管理；

（十一）组织风险和运营风险；

（十二）市场营销的有关知识；

（十三）国际贸易、国际金融、国际商务以及全球化进程的基本知识；
（十四）如何根据战略目标对上述内容进行整合。

第四节　信息技术知识

第十四条　信息技术改变了注册会计师发挥作用的方式。

注册会计师不仅应当具备使用信息系统、应用信息技术控制的技能，还应当能够与团队一起在评价、设计和管理信息系统方面发挥重要作用。

第十五条　信息技术知识至少应当涵盖下列学科领域：
（一）信息技术的基本知识；
（二）信息技术内部控制的相关知识；
（三）应用信息技术的相关知识；
（四）信息系统的评价、设计和管理知识。

第十六条　信息技术知识的内容至少应当包括：
（一）组织和会计信息系统；
（二）个人系统应用控制相关知识；
（三）信息系统在组织和会计中的应用，特别是财务会计与报告信息技术系统及其相关的现实问题与发展；
（四）财务会计与报告信息技术系统中的控制评价与风险评估框架。

第三章　职业技能

第十七条　注册会计师应当具备在职业环境中能够合理、有效地运用专业知识，并保持职业价值观、道德与态度的各类职业技能。

第十八条　注册会计师需要的职业技能包括下列五类：
（一）智力技能；
（二）技术和应用技能；
（三）个人技能；
（四）人际和沟通技能；
（五）组织和企业管理技能。

第十九条　职业技能可以通过普通教育、职业教育和实务经历等多种途径获得，并通过终身学习不断拓展。

第二十条　智力技能通常可分为六个层次（按照由低到高的顺序）：
（一）知悉；
（二）理解；
（三）应用；
（四）分析；
（五）综合；
（六）评价。

在取得执业资格时，注册会计师应当已经具备最高层次的智力技能。

第二十一条 智力技能有助于注册会计师在复杂的组织环境中解决问题、作出决策及适当运用判断。

注册会计师需要的智力技能包括：

（一）能够对不同来源的信息进行识别、获取、组织及理解；

（二）能够进行调查、研究、逻辑思考与分析、推理及质疑；

（三）能够识别和解决无既定模式的问题（特别是在陌生环境中）。

第二十二条 技术和应用技能包括一般技能和与会计工作相关的技能，具体包括：

（一）数理能力；

（二）信息技术能力，包括应用和控制信息技术的能力以及作为信息系统评价者、设计者或管理者的能力；

（三）决策建模和风险分析；

（四）计量；

（五）报告；

（六）遵循法律法规。

第二十三条 个人技能与注册会计师的态度和行为有关，个人技能的培养有助于注册会计师个体的学习与进步。

注册会计师需要的个人技能包括：

（一）能够自我管理；

（二）具有创造力、影响力和自学能力；

（三）能够在有限的资源中选择和配置优先完成的工作，并能够按照设定的工作时限组织和完成工作；

（四）能够预见和适应变化；

（五）能够在决策过程中考虑职业价值观、道德与态度；

（六）能够保持职业怀疑态度。

第二十四条 人际和沟通技能有助于注册会计师基于组织的共同利益与他人共事，接受和传递信息，形成合理判断，并作出有效决策。

注册会计师需要的人际和沟通技能包括：

（一）能够与他人协商共事，并能够承受和解决冲突；

（二）具备团队工作能力；

（三）能够与不同文化背景或不同智力水平的人员交流；

（四）能够在职业环境中协商形成解决方案或达成一致意见；

（五）能够通过正式或非正式、书面或口头的沟通方式，有效地表达、讨论、报告及辩护观点；

（六）能够进行有效的听取和阅读，包括对文化和语言的差异保持敏感；

（七）能够在跨文化环境中有效工作。

第二十五条 组织和企业管理技能有助于注册会计师培养广阔的商业视角、管理意识和全球视野。

注册会计师需要的组织和企业管理技能包括：

（一）能够进行战略规划、项目管理、人力管理、资源管理及制定决策；

（二）能够组织和分派任务，激励员工并发掘其潜能；

（三）具备领导能力；

（四）具备职业判断能力和洞察力。

第二十六条 在审计业务中，注册会计师应当格外重视对下列高层次职业技能的培养：

（一）能够应用相关审计准则；

（二）能够评价被审计单位对相关财务报告准则的应用情况；

（三）能够进行调查和抽象逻辑思维，并以质疑的态度进行分析；

（四）保持职业怀疑态度；

（五）能够运用职业判断；

（六）具备承受和解决冲突的能力。

第二十七条 普通教育对职业技能的获取具有重要作用，并侧重于对非专业知识、智力技能、个人技能、人际和沟通技能、组织和企业管理技能的培养。

普通教育至少应当包括：

（一）理解历史观点和事件以及当今世界的不同文化，并具有国际视野；

（二）了解人类行为的基本知识；

（三）能够意识到当今世界存在的各种思想、问题以及国际经济、政治和社会势力；

（四）具有数据调查和评价的经验；

（五）能够进行调查和逻辑思考，并以质疑的方式思考问题；

（六）具有一定的艺术、文学和科学鉴赏力；

（七）能够意识到个人价值观和社会价值观；

（八）能够作出价值判断。

第四章 职业价值观、道德与态度

第二十八条 接受和遵循注册会计师职业的职业价值观、道德与态度有助于注册会计师进行职业判断，并在职业行为中考虑社会和行业的利益。

是否接受和遵循注册会计师职业的职业价值观、道德与态度的要求，是区分注册会计师与其他人员的重要标志。

第二十九条 注册会计师应当遵循的基本职业价值观、道德与态度包括：

（一）维护公众利益，在审计、审阅和其他鉴证业务中恪守独立、客观、公正的原则；

（二）通过终身学习，培养、保持和提高胜任能力，并保持应有的职业谨慎；

（三）对执业过程中获知的客户信息保密；

（四）职业行为恰当，包括合理确定专业服务收费，不收取或不支付佣金，不从事与执行鉴证业务不相容的工作，保持与同行的良好工作关系，不对自身能力作广告，以恰当的方式进行业务招揽和宣传等。

第三十条 职业价值观、道德与态度的培养需要通过课程学习（特别是专门课程）和实务经历实现。

职业价值观、道德与态度的培养贯穿于注册会计师职业生涯的始终，并应当作为注册会计师终身学习的内容。

第三十一条 职业价值观、道德与态度的培养目标包括：

（一）维护公众利益，保持对社会责任的敏感；

（二）不断进取和终身学习；

（三）珍视自身信誉，负责任，守时，有涵养以及尊重他人；

（四）遵守法律法规。

第三十二条 职业价值观、道德与态度的学习内容至少应当包括：

（一）道德的含义；

（二）原则导向和规则导向的道德要求及其差异，包括各自的优点与不足；

（三）对基本道德原则的遵循，包括独立、客观、公正，培养、保持和提高胜任能力，保持应有的职业谨慎，对执业过程中获知的客户信息保密等；

（四）职业行为和对执业技术准则的遵循；

（五）独立性、职业怀疑态度、受托责任及公众期望等观念的含义；

（六）职业道德和社会责任；

（七）道德和法律的关系，包括法律法规与公众利益之间的关系；

（八）不道德行为对个体、行业乃至社会产生的后果；

（九）商业与公司治理中的道德问题；

（十）注册会计师个体的道德问题，包括检举、利益冲突、道德困境及其解决等。

第三十三条 在审计、审阅和其他鉴证业务中，注册会计师应当特别重视基本道德原则在职业环境中的实现途径和运用、不道德行为的后果以及道德困境的解决途径。

第三十四条 注册会计师应当在执业过程中始终关注可能存在的新的道德要求及其与自身工作的冲突，并对行业组织和社会公众有关注册会计师职业道德的最新期望保持敏感。

第五章 实务经历

第三十五条 注册会计师应当在取得执业资格前具备相关的实务经历（以下简称“资格前实务经历”），且该实务经历的期间和强度应当足以证明其已具备胜任注册会计师工作所必须的专业知识、职业技能、职业价值观、道德与态度。

第三十六条 资格前实务经历的期间至少两年，且应为历史财务信息审计领域中的实务经历。

第三十七条 资格前实务经历为申请人提供了有助于其培养胜任能力的职业环境。

资格前实务经历提供的职业环境能够在下列方面培养申请人的胜任能力：

（一）增进对组织、企业运作及工作关系的理解；

（二）能够将会计工作与其他企业职能及活动相联系；

（三）对提供服务的环境保持敏感；

（四）培养在实务环境中运用专业知识、职业技能，并保持职业价值观、道德与态度的能力；

（五）有机会在工作中承担逐步增大的责任。

第三十八条 申请人的资格前实务经历是否符合申请注册会计师执业资格的条件，应当由其所在的会计师事务所提供鉴定意见，并报经注册会计师协会核准。

申请人的资格前实务经历应当在其所在的会计师事务所项目负责人的督导下获得。

第三十九条 会计师事务所应当根据注册会计师协会规定的资格前实务经历要求，为申请人制定资格前实务经历计划，并报注册会计师协会备案。

会计师事务所应当定期评价申请人的资格前实务经历记录，与事先制定的资格前实务经历计划进行对比，并评估计划的进度，在必要时考虑调整计划或进度。

第四十条 督导人有责任向申请人提供必要的指导和监督，并对申请人参与项目的绩效进行考评。

第六章 对审计项目负责人的特殊要求

第四十一条 审计项目负责人应当具备更高水平的专业知识、职业技能、职业价值观、道德与态度以及实务经历。

第四十二条 审计项目负责人应当具备的胜任能力至少应当包括：

（一）对完成高质量的审计业务具有领导责任意识；

（二）能够在遵循独立性要求的情况下形成结论；

（三）具备承接和保持客户与特定审计业务的能力；

（四）具备向项目组成员合理分配工作任务、以最终完成审计工作并出具审计报告的能力；

（五）能够按照审计准则及相关法律法规的要求，指导、监督和执行审计业务；

（六）能够为已执行的审计工作进行咨询、评价和讨论；

（七）能够在充分、适当的审计证据的基础上出具恰当的审计报告。

第七章 对特定环境或特定行业审计业务的特殊要求

第四十三条 在执行特定环境（如跨境审计业务）或特定行业（如金融业）的历史财务信息审计业务时，注册会计师应当具备与该特定环境或特定行业相关的专业知识和实务经历。

第四十四条 注册会计师执行跨境审计业务至少应当具备下列方面的专业知识：

（一）适用的会计准则和审计准则；

（二）多地点审计与集团审计的方法；

（三）适用的上市要求；

（四）适用的公司治理要求；

（五）适用的当地监管规定；

（六）全球的和当地的经济与商业环境。

在执行跨境审计业务时，注册会计师应当意识到对职业价值观、道德与态度的应用可能受到不同文化背景的影响而更加复杂。

第四十五条 不同行业的被审计单位可能存在不同的财务会计与报告标准及惯例，注册会计师应当根据特定行业的具体情况获取相应的专业知识。

第四十六条 在执行特定环境或特定行业的历史财务信息审计业务之前，注册会计师应当具备在该特定环境或特定行业中的审计实务经历，且审计实务经历的期间和强度应当足以证明注册会计师已具备必要的专业知识、职业技能、职业价值观、道德与态度。

第八章 职业继续教育

第一节 总体要求

第四十七条 注册会计师应当在取得执业资格之后保持并不断提高胜任能力，树立终身学习的职业理念。

职业继续教育是资格前职业教育的延伸，注册会计师应当通过职业继续教育保持并不断提高胜任能力，以提供高质量的专业服务。

第四十八条 保持并不断提高胜任能力的主要责任在于注册会计师自身。

注册会计师协会应当为注册会计师履行该责任提供适当的机会、资源，并予以规范、指导及评估。

会计师事务所应当为注册会计师获得职业继续教育提供适当的机会、资源，并予以规范和指导。

第四十九条 职业继续教育应当体现不同注册会计师的职业发展目标、所处的职业领域和发展阶段的差异，以及职业环境的变化。

第五十条 注册会计师可以参加有组织的职业继续教育和其他形式的职业继续教育。

第五十一条 当中断执业且仍有意愿继续执业时，注册会计师应当在执业中断期间按照注册会计师协会的要求参加职业继续教育，以保持胜任能力。

第二节 职业继续教育的质量特征

第五十二条 职业继续教育应当是相关的、可计量的、可验证的、且需要经过评估的学习活动和结果。

第五十三条 职业继续教育应当是相关的，即通过职业继续教育培养的专业知识、职业技能、职业价值观、道德与态度，应当与注册会计师当前及未来的职业工作和责任相关。

第五十四条 职业继续教育应当是可计量的，即学习活动能够通过学习时间或强度计量，或能够通过对学习效果的评估加以计量。

第五十五条 职业继续教育应当是可验证的，即学习活动能够通过可靠的信息来源得以客观验证。

第五十六条 职业继续教育应当经过注册会计师协会的评估，以确保注册会计师的职业继续教育符合注册会计师协会的相关要求。

第三节 职业继续教育的评估

第五十七条 职业继续教育的评估应当综合考虑注册会计师参加职业继续教育的投入和产出情况。

第五十八条 职业继续教育的投入情况是通过设置一定的学习活动量加以评估的，且设定的学习活动量应当能够保持和提高注册会计师的胜任能力。

学习活动量通过学时计量，包括按照注册会计师协会设定的折合标准将其他计量单位折合为学时。

第五十九条 职业继续教育的产出情况需要注册会计师通过提供各种形式的职业继续教育成果，证明其胜任能力得到了保持和提高。

能够证明注册会计师保持和提高胜任能力的职业继续教育成果形式，包括特定学习活动的结果、取得的工作绩效等。

第六十条 注册会计师应当真实、完整地保管与职业继续教育的投入和产出情况有关的记录和证明材料，并应注册会计师协会的要求提交相关记录和证明材料。

第六十一条 注册会计师应当接受注册会计师协会定期或不定期开展的职业继续教育情况检查。

第九章 附则

第六十二条 本指南由中国注册会计师协会负责解释。

参考文献

[1] 李若山:《审计案例》,辽宁:辽宁人民出版社, 1998

[2] 中华人民共和国审计署《AO》,研发项目组著:《现场审计实施系统实用手册》,北京:中国时代经济出版社, 2005

[3] 董化礼:《计算机审计案例选》. 北京: 清华大学出版社, 2003

[4] 北京诚创易通科技发展有限公司开发.《易通审计软件》,北京:北京诚创易通科技发展有限公司, 2004

[5] 北京用友政务软件有限公司著:《用友 GRP 审计软件最佳应用经典例集》,北京:北京用友政务软件有限公司, 2004

[6] 邹德军:《审计基础》,长沙:中南大学出版社, 2006

[7] 苗美华:《审计》,北京:中国财政经济出版社, 2007

[8] 中国注册会计师协会著:《审计》,北京:经济科学出版社, 2007

[9] 注册会计师全国统一考试辅导教材《审计》. 北京:经济科学出版社, 2007

[10] 曲洪山:《新编审计原理与实务》,大连:大连理工大学出版社, 2007

[11] 董大胜:《中国政府审计》,北京:中国时代经济出版社, 2007

[12] 耿建新:《审计学》,北京:中国人民大学出版社, 2004

[13] 王英资:《审计学》,上海:上海财经大学出版社, 2005

[14] 中国注册会计师协会:《注册会计师执业基本准则和具体准则》,. 2006

读者反馈意见

亲爱的读者：

感谢您对《审计学》的学习和热爱！为了今后能给您提供更优质的服务，请您抽出宝贵时间填写下面意见反馈表，以便我们更好地对本教材做进一步的改进。同时如果您在使用本教材的过程中遇到了什么问题，或者有什么好的建议，也请您来信、来电告诉我们。

地址：北京市丰台区科学城南极星大厦 108 室

电话：010－83794590 /83794403

电子邮箱：caikai6223@263. net　QQ：649319527　QQ：164299827

网址：WWW. KFHWH. CN

教材名称：《审计学》

个人资料：

姓名：__________ 年龄：__________ 所在院校/专业__________________

文化程度：____________ 通讯地址：______________________________

联系电话：____________ 电子信箱：______________________________

您使用本书是作为：□指定教材、□选用教材、□辅导教材

您对封面设计的满意度：

□很满意、□满意、□一般、□不满意　改进建议________________________

您对本书印刷质量的满意度：

□很满意、□满意、□一般、□不满意　改进建议________________________

您对本书的总体满意度：

从语言质量角度看：□很满意、□满意、□一般、□不满意

从科技含量角度看：□很满意、□满意、□一般、□不满意

本书最令您满意的是：

□指导明确 □内容充实 □讲解详尽 □实例丰富

您认为本书在哪些地方应进行修改？（可附页）

____

____

您希望本书在哪些方面需进行改进？（可附页）

____

____